Ralf Bernd Herden

Fliegende Blätter der Geschichte

für Bildungshungrige, Besserwisser Angeber, Streber Schulschwänzer, Lebenskünstler und andere Chaoten

Ralf Bernd Herden
Fliegende Blätter der Geschichte

Darstellungen dieses Wappens befinden sich ferner in zahlreichen Universitätsbibliotheken, u.a. auch in den Päpstlichen Bibliotheken im Vatikan, der Bibliothek des Erzhauses Habsburg (Villa Austria, Pöcking) und der Fürstlich Liechtensteinischen Bibliothek (Schloß Vaduz, Liechtenstein), sowie der Bibliothek des Deutschen Freimaurermuseums (Bayreuth).

Band 2008 / 4

der

Diskussionspapiere der

ISSN 0937 – 1982

ISBN 9783837049916

Erschienen im März 2009

Herstellung und Verlag durch
Books on Demand GmbH
Norderstedt

ISBN 9783837049916

Bibliografische Information der Deutschen Bibliothek:
Die Deutsche Bibliothek verzeichnet diese Publikation in der Deutschen Nationalbibliografie.
Detaillierte bibliografische Daten sind im Internet über http://dnb.ddb.de abrufbar.

Statt eines Vorwortes

Dass mich die Freude am Schreiben seit vielen Jahren nie verlassen hat, wissen außer meine Familie auch meine Freunde und Bekannten. Allerdings war dem einen oder anderen von ihnen mein bisheriges, schriftstellerisches Wirken doch zu sehr themenbezogen, vielleicht auch zu „schwergewichtig". Den Begriff „wissenschaftlich", den der eine oder andere gebraucht hat, will ich gar nicht für mich in Anspruch nehmen.

So entstand die Anregung und Idee: „Leere doch einmal Deinen Zettelkasten", und „Schreib mal kurz und bündig zusammen, was in vielfältiger Lektüre sich aus der Geschichte angesammelt hat". Kurioses und nachdenkliches, Treppenwitze der Geschichte genauso wie vergessene und verdrängte Tragödien. Hieraus wurde das nachfolgende Bändchen geboren, das einfach helfen will, Fakten der Geschichte kurz und kurzweilig, nachvollziehbar und einprägsam darzustellen.

Sollte es dem einen oder anderen Schüler oder Studenten dadurch gelingen, einen seiner Studienräte oder Professoren hierdurch ins Staunen zu versetzen oder ins Grübeln zu bringen, so wäre ich höchst zufrieden.

Keinesfalls darf aber irgendeine Darstellung oder Lücke als Verletzung humanitärer Aufrichtigkeit verstanden werden.

Und sollte der eine oder andere Leser, vielleicht für ein Folgebändchen, eine Idee haben, so mag er mir diese über meine e-mail-adresse (siehe www.rbh-info.de) mitteilen. Natürlich mit nachvollziehbarer Quellenangabe. Informanten werden als Dank für ihren Tipp, sofern ich diesen in ein Folgebändchen aufnehmen kann, dort dann auch namentlich erwähnt.

Allen Leserinnen und Lesern wünsche ich Erbauung, Nachdenklichkeit und reiche Informationen bei der Lektüre dieses kleinen und hoffentlich kurzweiligen Bändchens.

Ralf Bernd Herden

Erwin von Steinbach

Um Erwin von Steinbach (1240-1318), den Begründer der Straßburger Hauptbauhütte der Steinmetzen (1275)[1] , deren Steinmetzenordnung noch im Jahr 1621 eine kaiserliche Bestätigung erhielt, ranken sich zahlreiche Sagen und Legenden. Tatsache ist, dass er der Schöpfer und Gestalter des Straßburger Münsters ist und als solcher sich bleibende Verdienste um die europäische Kultur und Straßburg erworben hat. Eine der Legenden berichtet, der sterbende Meister der Bauhütte habe sich gegenüber der von ihm geschaffenen, wunderbaren Steinrosette zum Sterben niedergelegt – und in seinen erloschenen Augen habe sich das Bild der Rosette untrennbar eingebrannt...

Tartareneinfall in Breslau

Die Bürger Breslaus zünden 1241 ihre Stadt selbst an, um sie bei einem Tartareneinfall nicht in die Hände des verhassten Feindes fallen lassen zu müssen.[2]

Zur Feier des Dreikönigstages...

Zur Feier des Dreikönigstages besucht im Jahr 1263 eine Gruppe Strasbourger das benachbarte Bischwiller, welches dem Bischof von Strasbourg, Walter von Geroldseck, gehört, und zündet das Dorf an.[3]

Freitag, der 13. ...

Am 13. Oktober 1307, einem Freitag, lässt der König von Frankreich alle Tempelherren seines Landes verhaften. Der Habgier des Monarchen fällt einer der mächtigsten und reichsten Ritterorden seiner Zeit zum Opfer. Und Freitag, der 13. hat seinen Ruf als Unglückstag für immer fest...[4] Mit dem Untergang der Templer sind zahlreiche Legenden verbunden, u.a. die der Flucht der Templerflotte nach Schottland. Bis heute bleibt der reiche Templerschatz verschollen.

---

[1] Artikel: Erwin von Steinbach, in: DBE, Band 3, Seite 169
[2] Herden (2005 I), S. 29
[3] Herden (2005 I), S. 29
[4] Herden (2005 I), S. 31

Dienstweg eingehalten...

Nicht Papiere an die Schlosskirche zu Wittenberg nagelnd, sondern in zwei sauberen, handschriftlichen Eingaben an Bischof Hieronimus von Brandenburg und Erzbischof Albrecht von Magdeburg-Mainz, wendet sich der große Reformator Martin Luther am 31. Oktober 1531 gegen den unwürdigen Ablasshandel.[5] Luther hielt den Dienstweg ordentlich ein. Für den Thesenanschlag gibt es keine Beweise. Doch wohlwollende Freunde und Anhänger des Reformators haben wohl auch aus Gründen positiver Publicity die Legende nachhaltig gefördert.

Straßburg und Daniel Specklin

Wenn heute von den Befestigungen Straßburgs die Rede ist, so fällt unwillkürlich der Name des großen, französischen Festungsbaumeister Vauban. Er hat in seiner Zeit wesentliches für die Befestigungen der Stadt geleistet. Nicht unvergessen werden sollte aber auch der deutsche Festungsbaumeister Daniel Specklin (1536-1589), der die wesentlichen Züge der Befestigung der Stadt Straßburg bereits im 16. Jahrhundert geschaffen und geprägt hat.[6]

Black is beautiful

Seit dem Jahr 1562 sind alle Gondeln in Venedig Schwarz. Der Grund ist nicht, dass sie Trauer tragen. Er ist einfach darin zu finden, dass die Stadt durch ein Aufwandsgesetz gegen verschwenderischen Pomp vorgehen wollte.[7]

König von Polen und Frankreich

Ein Wahlreichstag, bei dem rund 50.000 polnische Adlige zusammengekommen waren, wählt im Jahr 1573 Heinrich von Valois, Bruder des französischen Königs Karl IX., zum König von Polen.[8]

Nachdem er in Paris die Rechte Polens und des Adels beschworen hatte, wurde er im Februar 1574 in Warschau zum

---

[5] Wolf, S. 116 f. (119)
[6] hierzu umfassend Fischer
[7] Brockhaus (1996), S. 86
[8] Alexander, S. 107 ff.

König von Polen gekrönt. Als aber im Juni 1574 sein Bruder in Frankreich gestorben war, setze sich Heinrich von Valois in einer Nacht-und-Nebel-Aktion aus Polen ab, um in Frankreich als Heinrich III. den Thron anzutreten. Ein polnischer Reichstag erklärte daraufhin seine Absetzung als König von Polen.

Justizpalast und kompromittierende Akten...

In Paris geht 1618 der Justizpalast in Flammen auf.[9] Brandstiftung soll die Ursache des Feuers gewesen sein, da gewisse Persönlichkeiten Grund dafür gehabt haben sollen, „die Vernichtung von für sie kompromittierenden Aktenstücken sehnlichst zu wünschen".

Der Teufel kam nicht zum Hl. Abendmahl

Der große Stadtbrand von Freudenstadt im Jahr 1632 wird der Frau des Pächters des Gasthofs „Barben", wo der Brand ausgebrochen war, zu Last gelegt. Sie wird als Hexe beschuldigt. Der Herzog von Württemberg entschied, dass die Beschuldigte unschuldig sei, sofern sie das Heilige Abendmahl empfange, und dabei der Teufel nicht erscheint. Die Frau empfing das Sakrament in der bekannten Stadtkirche am größten Marktplatz Deutschlands und war entlastet.[10]

Das Allerheiligste als Löschgerät...

In der Gemäldegalerie des Louvre in Paris bricht 1661 ein Feuer aus. Den Anschauungen der Zeit folgend lässt Ludwig XIV. das Allerheiligste von der Kirche St. Germain de l'Auxerrois auf die Brandstätte bringen, um dem Feuer Einhalt zu gebieten[11].

Die ersten Hydranten der Welt...

Die britische Königin Anna erlässt 1707 ein Gesetz, welches die Funktion, Bedienung und Aufsicht über die ersten

---

[9] Herden (2005 I), S. 48
[10] Herden (2005 I), S. 51
[11] Herden (2005 I), S. 56

Hydranten regelt.[12] Erstmals weltweit werden Hydranten in einer Rechtsvorschrift erwähnt und aufgebaut.

Preußische Schweiz...

Friedrich I. von Hohenzollern, Kurfürst von Brandenburg und erster König in Preußen, wird 1707 zum Fürsten von Neuchatel - Neuenburg (Schweiz) gewählt. Die preußische Herrschaft sollte bis zum Ausbruch der französischen Revolution andauern, in deren Verlauf das Fürstentum Neuchatel als Kanton den Schutz der schweizerischen Eidgenossenschaft erbat. 1805 fiel der Kanton als Fürstentum an Frankreich, von 1806-1813 wurde es von Marschall Berthier als „Fürst und Herzog von Neuenburg" regiert.[13]

Die Alten Pflichten der Freimaurer

In London werden 1723 erstmals die „Alten Pflichten" der Freimaurer, welche bereits lange bestehendes, freimaurerisches Brauchtum zusammenfassen, veröffentlicht. Sie sind bis heute unverändert die Grundlage des weltweiten Bruderbundes der Freimaurer: „Der Maurer ist als Maurer verpflichtet, den Sittengesetzen zu gehorchen; und wenn er die Kunst recht versteht, wird er weder ein engstirniger Gottesleugner, noch ein bindungsloser Freigeist sein".[14]

Friedrich der Große wird Freimaurer

Bereits 1738 war Friedrich der II. , genannt der Große, König von Preußen, damals noch als Kronprinz in Braunschweig in die „königliche Kunst" der Freimaurerei eingeweiht worden, und zwar durch eine Deputation der „Loge d'Hambourg", die 1737 als erste, deutsche Bauhütte gegründet worden war und heute als älteste deutsche Freimaurerloge den Namen „Absalom zu den drei Nesseln" führt.

Kurz nach seiner Thronbesteigung übernahm der König die Schirmherrschaft („Protection") über die Freimaurerei in

---

[12] Herden (2005 I), S. 65
[13] Brockhaus, Artikel "Neuenburg"
[14] Alte Pflichten, insbesondere Seite 10

seinen Staaten, welche alle Hohenzollern bis hin zu den Kaisern Wilhelm I. und Friedrich III. fortsetzten. Durch diese königliche Entscheidung erhielten die Logen der drei altpreußischen Großlogen in Preußen den Status einer „Körperschaft des öffentlichen Rechts“, welcher dem der beiden großen Kirchen entspricht und bis heute fortbesteht.

Der große König in Kehl am Rhein

Am 15. August 1740 kam die Gruppe in Leipzig an, um von dort aus nach Bayreuth, sozusagen zu einem Verwandtenbesuch, weiterzureisen. Am 17. August dort angekommen, reiste man über Würzburg und Frankfurt am Main, Durlach und Rastatt weiter nach Kehl, wo die Reisenden am 23. August 1740 eintrafen und von hier aus Straßburg einen Besuch abstatteten.

Dort stieg Graf Dufour im Gasthof „Zum Heiligen Kreuz“ ab, Graf Schaffgotsch im Gasthof „Zum Raben“. Hinter Graf Dufour aber verbirgt sich kein geringerer als Friedrich der II., genannt der Große (1712-1786), König von Preußen, höchstderoselbst, welcher erst am 01. Juni 1740 nach dem Tode seines Vaters Friedrich Wilhelm I. (der an anderen Höfen der „königliche Sergeant“ genannt wurde) den Thron bestiegen hatte, und hinter Graf Schaffgotsch verbarg sich sein Bruder und präsumtiver Thronfolger, Prinz August Wilhelm (1722-1758).

Sofort nachdem man in Straßburg Logis bezogen hatte, ließ sich Friedrich II. Kleidung im französischen Stil, ganz nach neuester Mode, anfertigen. Danach kehrte er in einem Kaffeehaus ein, wo er die Bekanntschaft französischer Offiziere machte, welche er zu sich zur Abendtafel bat. Nach anderen Quellen soll er seinen Herbergswirt gebeten haben, Offiziere zu seiner Abendtafel zu bitten.

Die vorzügliche Tafel, Geist und Anmut der Unterhaltung sollen die Gäste sehr beeindruckt haben.

Am kommenden Tage aber habe König Friedrich II. die Parade besucht – und dort sei dann von einem Soldaten, welcher zuvor in preußischen Diensten gestanden habe, das Inkognito gelüftet worden.

Wahrscheinlicher erscheint jedoch, dass die eingeladenen Offiziere Verdacht schöpften, und zu diesem Zwecke am folgenden Abend, anlässlich ihrer Gegeneinladung an den König, gezielt einen preußischen Deserteur ihres Regiments wohl zum Ordonnanzdienst heranzogen. Dieser erkannte dann Friedrich II.

Die Reaktion des Königs: Er reiste sofort am kommenden Morgen, gleich bei Öffnung der Tore, wieder ab. Marschall de Broglie soll so erst nach der Abreise von seinem hohen Gast erfahren haben. Andere Quellen berichten, Marschall de Broglie, der französische Gouverneur von Straßburg, habe es sich nach der Lüftung der Tarnung des Gastes nicht nehmen lassen wollen, den König mit den ihm zukommenden Ehren zu empfangen, und ihn selbst durch die Festung geführt. Der Schneider habe die Bezahlung der gelieferten Kleider abgelehnt, sei es ihm doch Ehre genug gewesen, für den Preußenkönig arbeiten zu dürfen. Am Abend habe man in den Straßen Straßburgs dann Freudenfeuer angezündet…

Weitere Berichte wiederum führen aus, Gouverneur de Broglie habe den unbekannten Grafen, ohne ihn zu erkennen, höchstpersönlich durch die Zitadelle geführt. Und eine weitere Version lautet dahin, dass die geladenen Offiziere ihrem Kommandanten de Broglie über den merkwürdig großzügigen, unbekannten Gastgeber berichtet haben.

Dieser habe seine Offiziere zur Vorsicht gemahnt, jedoch habe sich das Problem dadurch gelöst, dass Friedrich der Große zwischenzeitlich bei einem Stadtbummel durch Straßburg erkannt worden sei, und nunmehr, ganz Gentleman seiner Zeit, dem Marschall de Broglie artig einen kurzen Besuch abgestattet habe, wie dies unter ritterlichen Ehrenmännern damals noch üblich war.

Nach einer weiteren Version soll man sich, nachdem man gemeinsam mit Marschall de Broglie getafelt hatte, mit diesem sogar zur Komödie verabredet haben, und, unter Nichteinhaltung der Verabredung, dann aber schleunigst abgereist sein.[15]

---

[15] Herden (2006), S. 31

Holzteller als Löschmittel...

Ernst August, Herzog von Sachsen, Jülich, Cleve etc. verfügt 1742 in seiner Residenz Weimar[16] in landesväterlicher Fürsorge wirklich effektive Maßnahmen zur Brandbekämpfung:

In jeder Stadt und jedem Dorf sollen gebrauchte, hölzerne Teller aufbewahrt werden, auf denen an einem Freitag, bei vollem Mond, mittags zwischen 11 und 12, mit frischer Tinte und neuen Federn Buchstaben und Zeichnung nach gegebenem Muster angebracht werden sollen. Die Teller sollen der Brandbekämpfung dienen, indem sie nach Ausbruch eines Brandes unter Anrufung Gottes in den Brandherd geworfen werden, um das Feuer zum Erlöschen zu bringen.

Deshalb Versicherungsschilder

Die detaillierte Dienstanweisung der Londoner Feuerversicherung „London Assurance“ aus dem Jahr 1752 regelt den Einsatz und das Verhalten der von der Versicherungsgesellschaft unterhalten Feuerwehr. Wichtiger Punkt: Gelöscht wird nur bei eigenen Kunden, welche ihre Prämie pünktlich bezahlt haben...[17]

Das Testament des Königs...

König Friedrich II. von Preußen, genannt der Große, vertraut 1752 seinem politischen Testament an: [18] „ Schlesien und Lothringen sind zwei Schwestern, von denen die ältere Preußen, die jüngere Frankreich geheiratet hat. Dieser Bund zwingt sie zu gleicher Politik. Preußen darf nicht ruhig zusehen, dass Frankreich Elsass oder Lothringen verliert…“. Die Nachkommen des großen Königs sollten dies bekanntermaßen anders sehen.

Die kleine Marie Grosholz...

Als überzeugte Royalistin habe sie Zutritt zum französischen Hof erlangt, wo sie die königliche Familie in

---

[16] Herden (2005 I), S. 73

[17] Herden (2005 I), S. 73 m.w.N.

[18] Herden (2006), S. 35.

Wachs modellierte, und sogar Modellierlehrerin der königlichen Sprösslinge gewesen sei. Ihr Vater sei „Schweizer Gardist“ in österreichischen Diensten, ja sogar Oberst gewesen.

An dieser selbst gestrickten Lebensgeschichte der Anna Maria Grosholz, adoptierte Curtis (eigentlich aber: Curtius) und verehelichte Tussaud ist so gut wie nichts, was sich nach Überprüfung als der Wahrheit auch nur ähnlich herausstellt.

Anna Maria Grosholz (auch: Großholz, man nahm es damals mit der Namensschreibung nicht sehr genau) wurde am 07. Dezember 1761 in der Kirche St.-Pierre-Le-Vieux in Strasbourg getauft. Als Vater fungierte Johann Joseph Grosholz, geboren am 16. Februar 1716 in Strasbourg. Er wuchs im Strasbourger Hundshof auf, sicher nicht unter für damalige Verhältnisse ärmlichen Verhältnissen, denn sein Vater Jakob Johann Grosholz ging dort seinem recht einträglichen Handwerk nach: Er erschlug kranke oder vermeintlich kranke Tiere, peitschte Befehlsverweigerer aus und machte auch reichlich Gebrauch vom Galgen, welcher der Bequemlichkeit halber im Hundshof aufgestellt war. Jakob Johann Grosholz war der Henker von Strasbourg. Er hatte dieses Amt von seinem Vetter Hans Michel Grosholz übernommen, der damit gleichfalls einer liebgewordenen Familientradition gefolgt war.

Alle Grosholz können auf Cunrat Grosholz, seit 1473 Scharfrichter in Zürich, zurückgeführt werden.

Bemerkenswert für das Schicksal der kleinen Maria Anna ist aber auch, dass der als Papa fungierende Johann Josef Grosholz, der zuvor schon zum Militär entlaufen war, eines nicht all zu fernen Tages wieder spurlos verschwand...

Im Leben der 1743 geborenen Mutter Anna Maria Grosholz geb. Walder (ihr Vater Martin Walder war vielleicht Scharfrichterknecht gewesen) trat nunmehr (manche vermuten, er sei bereits zuvor in den Lebensweg von Mutter und Tochter getreten) verstärkt Phillip Wilhelm Mathe Curtis, eigentlich aber: Curtius hervor. Manches deutet darauf hin, dass er der leibliche Vater war.

Phillip Wilhelm Mathe Curtius nannte sich selbst „Arzt“, „Anatom und Wundarzt“. Fraglich ist, wo er in einer Zeit, in der anatomische Studien den Scharfrichtern vorbehalten waren, zu seinen Kenntnissen gekommen war. Fraglich auch, woher der am 30. Januar 1737 im badischen Stockach geborene, seinen Arzttitel erworben hatte.

Curtis wurde lebensprägend für das Schicksal von Madame Tussaud. Er gab bald die medizinische Profession auf, um als Wachsmodelleur in Paris sein Geld zu verdienen. Dorthin folgten Mutter und Tochter Grosholz bald nach, und dort erwarb die zukünftige Madame Tussaud ihre Kenntnisse in der Modellierkunst. Während der Revolution hatte sie dabei sicher nicht immer nur erfreuliche Genres abzubilden, was sie aber wohl keineswegs geschreckt hat. Und ihre Familienbande soll ihr auch in England sehr zu gute gekommen sein, wo sie mit den Berufsverwandten ihrer Familie, den Henkern Ihrer Majestät, gute Kontakte pflegte. So war es ihr möglich, Abbilder der Hingerichteten für ihr Gruselkabinett zu erstellen...[19]

Der Graf von Eberstein mit Gefolge...

In der französischen Hauptstadt Paris trifft 1761 der Graf von Eberstein ein. In Wirklichkeit handelt es sich bei ihm um Markgraf Karl Friedrich von Baden (1728-1811), seit 1806 erster, badischer Großherzog, der nicht nur mit seiner Frau, Markgräfin Karoline Luise geb. Prinzessin von Hessen-Darmstadt (1723-1783), sondern auch mit den markgräflichen Prinzen eine Reise nach Paris gewagt hatte. [20]

Hochzeits-Feuerwerk missglückt

Auf dem Place Louis XV., dem heutigen Place de la Concorde, feiert am 30. Mai 1770 das frisch getraute Thronfolgerpaar von Frankreich, der spätere Ludwig XVI. und seine Frau, die österreichische Erzherzogin Marie Antoinette, mit einem grandiosen Feuerwerk seine Vermählung. Der Himmel über Paris schien in Flammen zu stehen. Tausende waren gekommen, um dieses seltene Schauspiel sich vom Himmel

---

[19] Herden (2007), S. 78 ff.

[20] Borchardt-Wenzel, S. 54

ergießender Sternenfontänen zu bewundern. Bewundernde Ausrufe und anhaltender Beifall bewiesen, wie sehr das Publikum von diesem glitzernden Spektakel fasziniert war.

Der Platz war hoffnungslos verstopft. Insbesondere galt dies auch für alle Zuwege und Zufahrten. Den Karossen der Aristokraten war es unmöglich, sich einen Weg durch die begeisternd staunende Mende zu bahnen.

Plötzlich zerriss ein schriller Schrei das fröhliche Treiben. Weitere Schreie folgten, welche in ein allgemeines, hysterisches Schreien und Brüllen übergingen. In Sekundenschnelle breitete sich eine wütende, stürmische Feuersbrunst mitten unter den Zuschauern aus.

Eine papierne Girlande war durch eine Feuerwerksrakete in Brand gesetzt worden, welche sich auf ihrem Flug zum Himmel viel zu früh entzündet hatte. Die brennende Girlande wiederum fiel mitten auf den Platz, unglücklicherweise genau dorthin, wo man den gesamten Vorrat an Raketen gelagert hatte, welche nun alle auf ein mal explodierten und kreuz und quer mitten durch die Menschenmenge schossen.

Ein gräuliches Ereignis, konnten die Menschen doch weder nach vorne, noch zurück fliehen. Sämtliche Fluchtwege waren durch die Kutschen, sowie noch immer herbeiströmendes Publikum verstopft. Wer jetzt noch hinzudrängte, hatte von dem Unglück noch keine Ahnung.

Hinzu kam, dass die Place Louis XV. zum damaligen Zeitpunkt noch eine riesige Baustelle war, überall durch Gräben aufgerissen. Diese waren für dieses Spektakel nur notdürftig mit Bändern abgesichert, oder mit Brettern zugedeckt worden. Das allgemeine Gedränge wischte diese bescheidenen Sicherheitsmaßnahmen beiseite. Menschen stürzten in die Baugruben, brachen sich die Knochen oder wurden von den Körpern der Nachstürzenden erschlagen. Die offizielle Bilanz zählte 135 Tote, doch in Wahrheit dürften noch viel mehr Menschen ihr Leben verloren haben. Hinzu kamen unzählige Verletzte, welche durch Brandwunden und Stürze zu Krüppeln geworden waren.

Ludwig und Marie Antoinette sollen aufrichtig erschüttert gewesen sein, und sie spendeten eine große Summe für die Opfer dieses Unglücks aus ihrer Privatschatulle. Die Hochzeit des Jahrhunderts, welche zu einem Symbol des Friedens zwischen Bourbon-Frankreich und Habsburg-Österreich hatte werden sollen, wurde so zu einem schlechten Omen für die heranbrechende Revolution.[21]

Mächtiges Hochwasser sprengt stabiles Stadttor...

Ein Hochwasser im Oktober 1778 lässt den Neckar gewaltig anschwellen und führt in Sulz am Neckar zu beachtlichen Verwüstungen.[22] Im Verlauf der Nacht drückt die Flut das verschlossene, untere Stadttor auf und fließt mit Gewalt durch die Hauptstraße. Holz, Hausgeräte und ertrunkenes Vieh werden von den Wogen durch die Stadt gespült.

Personen für die Krankenpflege...

Der Begründer der ersten, deutschen Krankenpflegeschule, Dr. Franz May, schreibt 1786, wie geeignete Personen für diesen Berufsstand zu finden seien: „In jeder Stadt gibt es eine große Menge wohlgenährter Faulenzer, welche sich auf das Almosen verlassen, die Kirchentüren belagern, und die Gutmütigkeit der Einwohner schändlich missbrauchen. Aus diesem Haufen untätiger Menschen fange ich zum Krankenwartdienst diejenigen heraus, welche nach dem Alter und Leibeskräften die Fähigkeit haben, Kranke zu bedienen. (...) Auf diese Weise wird zugleich ein Teil wohlgenährter Müßiggänger zur Arbeit angehalten".[23] Man sollte es nicht für möglich halten...

Potjomkinsche Dörfer

Der Geliebte und Günstling der Zarin Katharina die Große, Feldmarschall Fürst Grigori Potjomkin, Gouverneur auf

---

[21] Herden (2005 I), S. 78
[22] Herden (2005 I), S. 81
[23] Vasold, S. 49 f.

der Halbinsel Krim und Militärreformer, soll seiner Geliebten und Zarin 1787 auf einer Inspektionsreise bunte Theaterkulissen als Dörfer präsentiert haben. Ob es sich um ein Gerücht seiner Gegner oder Wahrheit handelt, mag dahingestellt werden. Die „potjomkinschen Dörfer“[24] aber sind zu einem feststehenden Begriff für „leere Kulissen“ geworden.

Kneipen und Bürger waren voll...

In der Reichsstadt Gengenbach bricht am Morgen des Fastnachtsdienstages 1789 ein Feuer aus.[25] Da alle „toll und voll“ gewesen seien – was aber tatsächlich nicht der Fall war - soll niemand in der Lage gewesen sein, gegen den Brand wirkungsvoll und nachhaltig einzuschreiten.

Der tondichtende Ingenieur...

Über die Marseillaise schrieb Baronin Luise de Dietrich, die Frau des Straßburger Bürgermeisters, im Mai 1792 an ihren Bruder:

Ich möchte Dir mitteilen, dass ich seit einigen Tagen nichts anderes tue als Noten abschreiben und umsetzen, eine Beschäftigung, die mir Freude macht und die mich ablenkt, besonders jetzt, da man überall nur über Politik jeder Art redet und disputiert. Da wir, wie Du weißt, viele Leute empfangen, und man sich immer etwas ausdenken muss, um Abwechslung in das Gespräch zu bringen, so hat mein Mann den Einfall gehabt, ein Gelegenheitslied komponieren zu lassen.

Der Kapitän vom Ingenieurkorps Rouget de L'Isle, ein liebenswürdiger Dichter und Komponist, hat das Kriegslied schnell vertont. Mein Mann, der einen schönen Tenor hat, sang das Stück, das sehr mitreißend und von einer gewissen Eigenart ist...

Gewidmet war die Marseillaise, die in Paris erstmals von einem Freiwilligenbataillon aus Marseille gesungen worden ist, dem Grafen Johann Nicolaus von Luckner, gewesener

[24] Brockhaus, Artikel "Potjomkin"
[25] Herden (2005 I) S. 83

hannoveranischer Generalleutnant und Marschall von Frankreich. Auch er, dem die Revolution einen kometenhaften Aufstieg gegeben hatte, endete 1794 unter dem Fallbeil, als er nach Paris gereist war, um seine Pension einzufordern. Einer seiner Nachkommen, Korvettenkapitän Felix Graf von Luckner, hat übrigens den Seefahrern Frankreichs als Kommandant des letzten deutscher Kaperschiffes des I. Weltkrieges, des unter Segeln fahrenden Hilfskreuzers „Seeadler“, noch manches Kopfzerbrechen bereitet.[26]

Mit uns zieht die neue Zeit...

Der Kalender der französischen Revolution[27] beginnt mit der Einführung der Republik am 22. September 1792. Er wurde rückwirkend im Oktober 1793 durch einen Beschluss des Nationalkonvents eingeführt, welcher auf eine Idee von Sylvain Maréchal zurückgeht, die von Fabre d’Eglantine aufgegriffen worden war.

Das revolutionäre Kalenderjahr besteht aus zwölf Monaten zu je 30 Tagen, zu denen im Normaljahr fünf, im Schaltjahr sechs zusätzliche Tage gehören: Die nach den Revolutionären benannten „Sansculottiden“. Die Monate sind in jeweils drei Dekaden unterteilt, deren zehn Tage an Stelle der Woche treten. Der Sonntag wird durch den „Decadi“ ersetzt. Auch wurden die Monate mit neuen Namen versehen.

Vendémiaire , Brumaire und Frimaire für die Herbstmonate, Nivôse, Pluviôse, Ventôse für die Wintermonate, Germinal, Floreal und Pairial für die Frühlingsmonate sowie Messidor, Thermidor und Fructidor für die Sommermonate. Die Tage sollen nicht mehr nach Heiligen, sondern nach jahreszeittypischen Pflanzen und Früchten, Haustieren und landwirtschaftlichen Geräten benannt werden. Es wird zur Mode unter Republikanern, welche ihre staatstragende Gesinnung demonstrativ zur Schau tragen wollen, den Kindern Namen aus diesem Revolutionskalender zu geben – welcher übrigens bald

---

[26] Herden (2006), S. 102
[27] Herden (2006), S. 110

wieder verschwinden wird: Am 01. Januar 1806 führt auch Frankreich den Gregorianischen Kalender wieder ein.

Hinrichtung einer Flasche

Die Bevölkerung von Reims war auf der ehemaligen Place Royale zusammengekommen, um einem einmaligen Schauspiel zu lauschen. Der Nationalkonvent in Paris hatte am 16. September 1793 ein Dekret beschlossen, und mit dessen Ausführungen den ehemaligen, protestantischen Pastor Ruhl, einen Revolutionär deutsch-elsässischer Abstammung, beauftragt. Er nahm dies ganz besonders ernst. Trommelwirbel erklangen. Doch an diesem Tag wurde kein Mensch hingerichtet, sondern symbolisch eine Flasche, besser: Ein Flacon. In ihr hatte sich das Salböl befunden, mit welchem der Merowingerkönig Chlodwig I. nach seiner Bekehrung zum Christentum getauft worden war. Vom achten Jahrhundert an, über tausend Jahre lang, wurden sämtlichen französischen Könige mit dem Salböl aus diesem Flacon gesalbt. Nun wurde die „Heilige Ampulle“ als „Heilige Kinderrassel der Narren“ zerstört: Durch einen Hammerschlag.

Doch einige nicht ganz so eifrige Revolutionäre hatten noch so viel Balsam wie möglich umgefüllt. Das Ergebnis der Umfüllung ruhte bis 1970 im Tresor des Erzbischofs von Reims – und heute entzaubert hinter Panzerglas im Stadtmuseum von Reims.[28]

Großherzog nicht ganz wunschgemäß....

Karl Friedrich, Markgraf und Kurfürst von Baden, nimmt im Jahr 1806 den Titel eines Großherzogs an. Liebevolle Zeitgenossen bescheinigen ihm Bescheidenheit: Lieber ein großer Großherzog, als ein kleiner König. Schließlich hatte er die Bevölkerungszahl Badens während seiner Regierungszeit durch geschickte Politik verzehnfacht. Trotzdem war es nicht Bescheidenheit – das gekrönte Haupt wollte schon nach der

[28] Schönburg, S. 44 f.

Königskrone greifen, wenn schon, dann aber richtig: König von Alemannien oder König von Helvetien hieß das Traumziel.[29]

Es sollte ein solches bleiben, auch weil der Erfolg der Fa. Bonaparte Gebr. & Co (Angehörige) einem kometenhaften Aufstieg den ebensolchen Abstieg folgen ließ. Der Einfluss des Adoptivvaters der Schwiegerenkeltochter war damit später dann – schlicht futsch. Man hatte aufs falsche Pferd gesetzt und beeilte sich jedoch erfolgreich, die Bestände des Familienporzellans zu retten. Gott sei Dank gab es da ja auch noch Luise, auch Schwiegerenkeltochter, aber geborene von Preußen. Wie gut, dass man sich fleißig vermehrt hatte... oder anders: Rückversicherung wie heute bei der GmbH& CoKG!

Kontinentalsperre fördert Landwirtschaft

Durch das Dekret von Berlin vom 21. November 1806 beginnt die napoleonische Kontinantalsperre, die sich gegen England richtet. Im Ergebnis wird hierdurch nicht nur England als Kontinentalmacht gestärkt, sondern auch in Baden durch Karl Ludwig Freiherr von Lotzbeck der Tabakanbau eingeführt und damit die Landwirtschaft gestärkt.[30]

Der Papst blieb hart...

Den Kaiser der Franzosen hatte der Papst am 10. Juni 1809 exkommuniziert. Napoleon störte all dies wenig. Es hinderte ihn nicht daran, bereits die Fühler für die am 11. März 1810 in der Wiener Augustinerkirche erfolgte Heirat mit der Erzherzogin Marie-Louise von Österreich auszustrecken.

Dabei störte es auch nicht, dass er zugleich noch in kirchlich gültiger Ehe mit Josephine de Beauharnais lebte.[31]

Der Kaiser ließ sich bei der Hochzeit durch den Onkel der Braut, Erzherzog Carl, vertreten, der zu diesem Anlass das Großkreuz der Ehrenlegion verliehen bekam – zu einer Zeit, in welcher Napoleon über die Gründung des „Ordens der drei

[29] Borchardt-Wenzel (2006), S. 332
[30] Artikel: Lotzbeck, Karl Ludwig Freiherr von, in: DBE, Band 6, Seite 485
[31] Plischnack, S. 238

goldenen Vliese“[32] nachdachte, um sowohl Österreich, als auch Spanien und die Niederlande zugleich zu kränken und sich selbst zu erhöhen.

Heiße, kaiserliche Liebesbande...

Zu Ehren der bevorstehenden Vermählung der Erzherzogin Marie Louise von Österreich, Tochter des österreichischen Kaisers, mit Napoleon Bonaparte, Kaiser der Franzosen, gibt Fürst Schwarzenberg, der österreichische Botschafter in Paris, am 01. Juli 1810 auf dem Gelände seines Palais einen Ball. Gegen Mitternacht kommt es durch eine herabfallende Kerze, die Gaze der Dekoration in dem speziell für dieses Ereignis errichteten Festpavillon entzündet, zu einer Brandkatastrophe.[33]

Nach Angaben Varnhagen von Ense's, der selbst Augenzeuge der Geschehnisse war, fanden dabei zwanzig Personen den Tod, die offizielle Version ging lediglich von einem Todesopfer, der Fürstin Pauline von Schwarzenberg, aus. Die tatsächliche Zahl der Opfer soll jedoch rund 100 betragen haben.

Die Zahl der Gäste aus der Elite des französischen Empire und des ausländischen Adels betrug rund 1500.

Der Verlauf des Unglücks lässt sich rückblickend wie folgt beschreiben:

Zur Erweiterung der Festräumlichkeiten auf dem Anwesen der österreichischen Botschaft hatte Fürst Schwarzenberg von einem Mechaniker einen mobilen, zeltartigen Festsaal gemietet, der im Garten aufgebaut worden war. Der berühmte Architekt Bernard, damals bekannt für seine großartigen Dekorationen, schmückte diesen Festsaal aus. Die provisorische Konstruktion war aus äußerst leicht entflammbaren Materialien gebaut: Holzplanken, verkleidet mit Zeltstoff und bemalten Zelthimmeln, diese wiederum gedeckt mit geteerten Zeltplanen.

---

[32] Plischnack, S. 123

[33] Herden (2005 I), S.90 ff.

Die Sicherheitsvorkehrungen waren sehr begrenzt: Man informierte lediglich vor der Veranstaltung den Kommandanten der Pariser Feuerwehr, Major LeDoux, über ein Feuerwerk, das anlässlich des Festes abgebrannt werden soll. Aus diesem Grund werden an diesem Abend lediglich zwei Unteroffiziere und vier Feuerwehrleute, ausgestattet mit zwei Pumpen, vor Ort als Feuerwache bereitgestellt.

Der Architekt Bernard befürchtet jedoch, die hohe Gesellschaft könnte sich an der Anwesenheit der Feuerwehrleute stören und lässt diese deshalb in einem Nachbargebäude unterbringen.

Bereits als der Ball gegen 22.15 Uhr mit dem Eintreffen des kaiserlichen Paares eröffnet wurde, kam es zu einem ersten Brandzwischenfall. Ein durch das Feuerwerk verursachter, kleinerer Brand konnte durch die Feuerwehrleute schnell und unauffällig gelöscht werden.

Das berühmte Drama nahm jedoch gegen 23.00 Uhr seinen Lauf. Ein Luftstoß entzündete eine Mousseline-Draperie an einer Kerze. Die Draperie übertrug das Feuer auf die benachbarten Girlanden und die prächtigen, künstlichen Blumengebinde.

Begleitet vom österreichischen Botschafter und den Angehörigen der österreichischen Gesandtschaft geleitete Napoleon seine Gattin aus dem Festsaal, um sofort danach an den Ort des Geschehens zurückzueilen.

Die Evakuierung ging ruhig vonstatten, bis alle Mitglieder des kaiserlichen Hauses in Sicherheit gebracht waren. Jedoch sind binnen weniger Minuten alle 1.500 Gäste von der Brandkatastrophe bedroht. Eine allgemeine Panik bricht aus.

Die Menge stürzt den Ausgängen zu, die aber teilweise bereits unpassierbar waren. Im Gegenzug dazu kann die Feuerwache, des Stroms der Fliehenden wegen, nicht an den Brandherd gelangen, waren die Feuerwehrleute doch außerhalb des Ballsaales postiert worden.

Im Inneren des Ballsaales züngeln Flammen, es kommt zu Explosionen, der Teer der Zeltbahnen beginnt zu brennen und herab zu tropfen. Die 73 massiven Bronzeleuchter stürzen in den

Saal hinab, unter ihrem Gewicht bricht der Fußboden zusammen. Dank der Hilfe der Bediensteten, Kutscher und Passanten kann die Mehrheit der 1.500 Gäste gerettet werden. Der Brand selbst dauerte bis 16.00 Uhr an.

Die offizielle, zensierte Presse sprach von lediglich einem Todesopfer, der Fürstin Pauline von Schwarzenberg, Schwägerin des Gastgebers. Die Mutter von acht Kindern war in den Saal geeilt, den Hilferufen ihrer ältesten Tochter folgend. Ihr Opfertod fand in der Presse weitestgehende Beachtung. Berichtet wurde ferner über die Verletzungen des russischen Botschafters, des Fürsten Kourakin, sowie über 50 bis 60 weitere Leichtverletzte.

Die amtliche Version ist jedoch unglaubwürdig: Wenn es bei 1.500 Gästen lediglich ein Todesopfer gegeben hätte, warum wurde dann dieses „gute Zeichen" nicht stärker in der Propaganda ausgeschlachtet ? Es ist sehr schwierig, die wahre Zahl der Opfer zu ermitteln, kamen doch sehr viele von ihnen aus der Provinz oder aus dem Ausland. Ein Fachmann schloss 1913 aus den Umständen, vor allem auch aus den bekannt gewordenen Trauerfeierlichkeiten, auf mindestens 90 Brandopfer. Die Umstände lassen die Zahl von 90-100 Toten realistischer erscheinen, als die offiziellen Angaben.

Nach dem Unglück beauftragte Napoleon I., noch unter dem Schock des Ereignisses stehend, den Innenminister Montalivet mit einer Untersuchung. Der Kaiser warf insbesondere der Feuerwehr mangelnde Einsatzfreude und Langsamkeit vor.

Die Untersuchung ergab jedoch, dass der von dem Fürsten Schwarzenberg gemietete Festpavillon nicht massiv genug gebaut war. Ein Teil des Fußbodens war bereits vor dem Herabstürzen der Leuchter eingebrochen.

Die Untersuchung ergab ferner, dass die vor Ort eingesetzten Feuerwehrleute sich vorbildlich und pflichtbewusst verhalten hatten. Es wurde jedoch festgestellt, dass Ausrüstung, Ausbildung und Sollstärke der Feuerwehr völlig unzureichend waren.

Die weitere Reaktion Napoleons war folgende Anordnung, die Geschichte gemacht hat: „Noch vor dem 01. Januar 1811 muss eine Kompanie „Sapeurs-Pompiers" der

Kaisergarde unter dem Kommandeur der Pioniere aufgestellt werden. Aufgabe dieser Kompanie wird sein, die Pumpen in den kaiserlichen Palästen in Paris, Saint-Cloud, Versailles, Meudon, Rambouillet, Compiègne, Fontainebleau usw. zu bedienen." Als Folge dieses Befehls wurden bereits am 16. Juli 1810 die „Sapeurs du Genie" der Kaisergarde aufgestellt.

Der König von Rom

Napoleon Francois Charles Joseph Bonaparte, König von Rom, Sohn des Kaisers der Franzosen Napoleon I. wurde 1811 geboren.

Doch statt als Kaiser Napoleon II. den Thron Frankreichs besteigen zu können, starb er 1832 im Wiener Schloss Schönbrunn als „Herzog von Reichstadt". Diese nordböhmische Herrschaft hatte man eigens für ihn zum Herzogtum erhoben. Er wurde hiernach, als Mitglied des Erzhauses Habsburg und Kaiserenkel, in der Kapuzinergruft in Wien beigesetzt. In ihr fanden auch die Kaiser Österreichs ihre letzte Ruhestätte, zuletzt Kaiserin Zita.

Und noch ein makaberes Faktum der Geschichte: Im Jahr 1940 ließ ausgerechnet Hitler die sterblichen Überreste des Königs von Rom nach Paris überführen, wo sie nunmehr im Invalidendom neben den Gebeinen seines Vaters ruhen.

Hierzu wurde mit Pomp und unter Ehrenbezeigung der Wehrmacht der Bronzesarg vom Bahnhof „Austerlitz" zum Invalidendom gebracht und dort Vertretern Frankreichs übergeben.[34] Das ganze hatte nur zwei Schönheitsfehler: Zum ersten ließ man es an der Trikolore fehlen, und zum zweiten blieb die erhoffte, positive Resonanz unter den Franzosen schlicht und einfach aus...

Der durchschlagende Hufschlag

Durch Eisenach zieht 1812 ein Munitionstransport der napoleonischen Armee.[35] Drei mit Munition beladene

---

[34] Bräuninger, S. 267
[35] Herden (2005 I), S. 94

Pferdewagen detonierten dabei. Als Ursache wurde angenommen, dass aus den Wagen herausrieselndes Pulver entweder durch eine heiß gelaufene Wagenachse entzündet worden war, oder durch den Funkenschlag eines Pferdehufeisens auf dem Straßenpflaster entzündet wurde.

Volkes Stimme zum Kongress

In den ersten Oktobertagen des Jahres 1814, als in Wien der bekannte „Wiener Kongress“ als Abschluss der Befreiungskriege gegen Napoleon tagte, machte ein mit den Bildnissen der Regenten verziertes Flugblatt[36] mit folgenden Zeilen die Runde:

Er liebt für alle:
Alexander (Zar von Russland)
Er denkt für alle:
Friedrich Wilhelm (König von Preußen)
Er spricht für alle:
Friedrich (König) von Dänemark
Er trinkt für alle:
Maximilian (König) von Bayern
Er frisst für alle:
Friedrich (König) von Württemberg
Er zahlt für alle:
Kaiser Franz (von Österreich-Ungarn)

Insel Rügen wird preußisch

Seit dem Westfälischen Frieden 1648 zählte die Insel Rügen, heute Deutschlands größte Insel, staatsrechtlich zum Königreich Schweden. Die Insel, seit 1936 durch den Rügendamm mit dem Festland verbunden, wurde erst 1815 dem Königreich Preußen zugeschlagen.

Das Wartburgfest

Auf der Wartburg bei Eisenach kommen am Jahrestag der Völkerschlacht bei Leipzig und im 300. Jubiläumsjahr der

[36] Stern-Braunberg, S. 29

Reformation Studenten und Professoren von elf deutschen Hochschulen zusammen und fordern die Einheit Deutschlands. In den studentischen Burschenschaften ist nach wie vor der Geist der Befreiungskriege lebendig, um deren Erfolg man sich durch die Restauration betrogen fühlt. Symbolisch werden ein hessischer Zopf, ein Ulanenschnürleib und ein österreichischer Korporalsstock verbrannt.

Die Reaktion ist entsetzt ob solchen Handelns und beobachtet zukünftig ganz besonders streng Professoren und Studenten, Burschenschaften, Turner und Sänger, in denen man den Ursprung jeder gedanklichen Umwälzung zu sehen glaubt.

Eine vereinigte, evangelische Kirche

Eine bis heute für die Evangelische Kirche in Deutschland, und eigentlich auch für den Protestantismus weltweit einmalige Konsensunion zwischen Lutheranern und Reformierten setzte Großherzog Leopold von Baden, seines Zeichens nach als „Summus Episcopus" auch Bischof seiner Protestanten, 1821 durch Gesetz in Kraft. Diese Union blieb bis heute einzigartig – die evangelischen Kirchen der ehemaligen Altpreußischen Union vereinen lediglich unter einem Verwaltungsdach die lutherischen und reformierten Gemeinden.[37]

Die Badische Landeskirche hat bis heute ein eigenes Bekenntnis mit einem eigenen Katechismus, neben dem aber auch die Schriften Luthers und Calvins, sowie insbesondere auch der Heidelberger Katechismus, gleichwertig Anerkennung finden.

Als Gegenreaktion auf diese Union bildete sich in Baden ab 1850 eine bekenntnisorientierte und selbständige Evangelisch-Lutherische Kirche in Baden, welche nicht zur Landeskirche gehört sondern sich als selbständige Freikirche lutherischen Bekenntnisses sieht.

[37] Herden (2005 II), S. 135 ff.

Sprinkler eingefroren, Nationaltheater brennt...

In München brennt 1823 das Bayerische Hof- und Nationaltheater.[38] Ursache ist eine Flamme der Gasbeleuchtung, die ungeschützt einen Strick der Dekoration in Brand setzt, der diesen Brand in Windeseile auf die gesamten Kulissen überträgt. Die bereits vorhandene einfache Sprinkleranlage versagt ihren Dienst, nicht nur, weil der Brand sich so schnell ausbreitet, sondern auch weil des strengen Winters wegen das Löschwasser eingefroren ist.

Bauräte der königlichen Bauverwaltung übernehmen die Leitung der Löscharbeiten. Es ist dabei so kalt, dass aus den Brauereien und Branntweinbrennereien heißes Wasser herbeigeschafft werden muss, um ein Einfrieren der Pumpen zu verhindern.

Feuerwehren im heutigen Sinne gab es noch nicht. Mit den Bauräten der königlichen Bauverwaltung hatte man wenigstens versierte Fachleute für das Bauwesen zur Hand, für die damalige Zeit war dies durchaus keine Selbstverständlichkeit.

Kaspar Hauser, Prinz von Baden ?

In Nürnberg tritt 1828 der angeblich im Jahr 1812 geborene Kaspar Hauser, das sogenannte „Findelkind von Europa“ unter merkwürdigen Umständen in die Welt. Hauser wurde im Jahr 1833 in Ansbach ermordet, wiederum unter ungeklärten Umständen. Bereits 1829 war in Nürnberg auf ihn ein Attentat verübt worden, damals jedoch erfolglos.

Bis heute halten sich die Gerüchte, Kaspar Hauser sei der Erbprinz und Sohn des Großherzogs Karl von Baden und seiner Gemahlin Stephanie geborene de Beauharnais, Adoptivtochter Napoleons I. und damit „Fille de France“. Die Werke über diese Affäre könnten heute ganze Bibliotheken füllen, tauchen doch immer wieder neue Betrachtungsweisen, Spekulationen und Vermutungen auf, die das Thema ungeahnt aktuell zu halten vermögen.

---

[38] Herden (2005 I), S. 98

Die brennenden Kerbhölzer...

Beide Häuser des britischen Parlaments, Westminster Palace und St. Stephens Chapel brennen bis auf die Grundmauern nieder.[39] Als Grund ist überliefert, dass bis 1834 in der Finanzverwaltung noch Kerbhölzer im Gebrauch waren. Nach der Reform wurden sie alle in den Öfen des neben dem Finanzhof liegenden Parlaments verbrannt. Dabei wurde einer der Öfen überhitzt und setzte so das traditionsreiche Parlament in Flammen.

„Kongo-Leo“ wird belgischer König

Leopold Georg Christian Friedrich von Sachsen-Coburg-Saalfeld wird 1831 zum ersten König der Belgier gewählt.[40] Er erklärte sich im April 1885 zum persönlichen Eigentümer des Kongo, eine auch für damalige Zeiten einzigartige und ausgefallene Form der Kolonialpolitik. Im November 1908 sah er sich dann gezwungen – seine Kolonie an den belgischen Staat zu veräußern.

Bayerischer Prinz wird griechischer König

Otto Friedrich Ludwig von Wittelsbach, zweiter Sohn des bayerischen Kronprinzen und späteren Königs Ludwig I., wird 1832 zum König von Griechenland gewählt.[41] Er konnte immerhin 30 Jahre herrschen, bevor er 1862 unblutig von seinem Thron vertrieben wurde. Ihm gelang es während dieser Zeit, die Grundlagen einer modernen Verwaltung in Griechenland zu schaffen – und selbst das deutsche Reinheitsgebot für Bier einzuführen.

Der Selbstbeherrscher als Selbstlöscher...

Am 30. Dezember 1837 gegen 10.00 Uhr morgens bricht im Winterpalais in St. Petersburg ein Feuer aus, bei welchem trotz des unverzüglichen Eingreifens der Feuerwehr bald die

---

[39] Herden (2005 I), S. 102
[40] Brockhaus, Artikel “Leopold, Belgien, König Leopold I.”
[41] Brockhaus, Artikel “Otto, Griechenland, König Otto I.”

Flammen aus den Fenstern herausbrechen. Zar Nikolaus übernimmt selbst die Leitung der Löscharbeiten.

Als die Decke des Marschallssaales einbricht, befiehlt der Zar den Rückzug der Löschmannschaften. Er will keine Menschenleben in Gefahr bringen. Die Eremitage konnte gerettet werden, das eigentliche Winterpalais brannte ab. Dort verbrannten im Marschallssaal rund 400 Portraits der Marschälle, Admirale und Generale Russlands.[42]

Herr von Sigmaringen auf Reisen...

Ein Herr von Sigmaringen befindet 1838 sich auf dem Weg nach Straßburg und übernachtet bei der Reise unvorhergesehen im badischen Lahr. Es handelte sich dabei um keinen geringeren als Napoléon Bonaparte (1808-1873), der spätere französische Kaiser Napoleon III., der auf dem Weg zu seinem missglückten Staatsstreich nach Straßburg war. Doch statt dass die Soldaten dem jungen Thronprätendenten nacheiferten, wurde er von einem Tambour-Major gedemütigt und verhaftet.[43]

Dampfspritzen per Schiff aus London

Am 05. Mai 1842 brach nachts gegen 01.00 Uhr der sog. „Große Brand von Hamburg“ aus, der insgesamt 79 Stunden wütete.[44] Hamburg, seit 1618 nicht nur Hansestadt, sondern auch Freie und Reichsstadt, 1810-1814 Hauptstadt des Departements der Elbmündungen des französischen Kaiserreiches, war schon damals eine Handelsstadt von Weltbedeutung.

Die Flammen vernichteten ein Viertel des damaligen Stadtgebietes, am späten Nachmittag des ersten Brandtages brach der Turm der Nikolaikirche in sich zusammen.

Die völlig erschöpften Hamburger Spritzenleute erhielten Unterstützung aus Altona, Wedel, Wandsbeck, Harburg, Kiel und Lauenburg.

---

[42] Herden (2005 I), S. 103
[43] Rieder, S. 63
[44] Herden (2005 I), S. 105

Am vierten Tag des Brandes trafen schließlich noch drei Dampfspritzen per Schiff aus London ein.

Internationales Erwinsfest in Steinbach

Am 31. August 1845 waren die Freimaurer Deutschlands und Frankreichs zum Erwinsfest[45] in das badische Steinbach eingeladen, wo am Eingang des Neuweirer Tales die Wiege des großen Münsterbaumeisters gestanden haben soll, der das Weltkulturerbe[46] des Straßburger Münsters schuf: Seinem Gedenken galt eine ganz besondere „Erwinsfeier“. In Steinbach war bereits am 24. August 1844 eine Steinsäule zum Gedenken an Erwin von Steinbach enthüllt und der Gemeinde zum Geschenk gemacht worden.

Das Erwinsfest der Freimaurer im Jahre 1845 in Steinbach aus zeitgenössischer Sicht.

[45] Hierzu: Huber, Erich A.: „Das Erwinsfest der Freimaurer 1845“, in: Die Ortenau 1966 / 216

[46] Die historische Altstadt Straßburgs wurde 1988 zum Weltkulturerbe erklärt.

Luftangriff auf Venedig

Erstmalig in der Geschichte werden 1849 durch österreichische Truppen Luftfahrzeuge zu militärischen Angriffen eingesetzt: Von Ballons aus werden Brandbomben auf Venedig geworfen, um die revolutionäre Stadtrepublik wieder unter die Herrschaft der kaiserlich-königlichen Monarchie zu zwingen.[47]

Licht statt Kölnisch Wasser

Der deutsche Optiker Heinrich Goebel erfindet 1854 die Urmutter der Glühbirne: Er schmolz verkohlte Bambus-Fasern in luftverminderte Kölnisch-Wasser-Flaschen ein, ließ Strom hindurchfließen und verwendete das so erzeugte Licht zur Beleuchtung seines Geschäfts.[48]

Österreichische Weltumsegler

Im Auftrag der „Kaiserlichen Akademie der Wissenschaften in Wien" verlässt S.M.S. „Novara" am 30. April 1857 unter dem Kommando des Commodore von Wüllerstorf-Urbair den kaiserlich-königlich-österreichischen Kriegshafen Triest. Die Fregatte, auf der sich 353 Männer befinden, wird 28 Monate auf See bleiben und erst am 26. August 1859 wieder in den Hafen von Triest einfahren. Dabei werden verschiedenste, teilweise bahnbrechen Forschungsaufträge erfüllt.[49]

Die Qualen der Scheintoten...

Um die Qualen der wieder erwachenden Scheintoten im Sarg zu vermeiden, wird in weiten Kreisen über die Pflicht zur Leichenschau und die Einführung von Leichenhallen nachgedacht. Der preußische Oberstabsarzt Johann Peter Trusen empfiehlt die Leichenverbrennung, welche er als weniger qualvoll ansieht. Trusen setzt zugleich aber wohl noch viel weniger Vertrauen in die Kenntnisse der Ärzte und Leichenschauer seiner Zeit.[50] Die Zweifel sollen bis heute nicht immer unberechtigt sein.

---

[47] Herden (2005 I), S. 114, m.w.N.

[48] Geiss (Hrsg.), S. 666

[49] Hierzu umfassend: Basch-Ritter

[50] Faller, S. 249 ff. (250)

Schlaraffias Allmutter Praga

Als Vereinigung zur Pflege der Geselligkeit, des Kunst und des Humors gründen im Jahr 1859 in Prag deutsche Künstler und Kunstfreunde die „Schlaraffia“. Sie pflegt ein dem Rittertum entlehntes Zeremoniell, ihre Satzungen sehen drei Stufen – Knappe, Junker und Ritter – vor. Ihr Symbol ist der Uhu. Die Schlafraffen sind heute weltweit aktiv.[51]

Die Schlacht von Solferino

Der Genfer Kaufmann Henry Dunant wird Zeuge der Schlacht von Solferino, die im Jahr 1859 rund 6.000 Todesopfer und über 25.000 Verwundete fordert. Sein Buch „Eine Erinnerung an Solferino“ wird der Grundstein für die Gründung des Internationalen Roten Kreuzes, die im Jahr 1863 erfolgte. Noch im gleichen Jahr wurde, als erste, nationale Rotkreuzgesellschaft der Welt, der Württembergische Sanitätsverein gegründet.

Und nachdem sich alle Freunde und Verbündeten von Henry Dunant zurückgezogen hatten, waren es wiederum die Württemberger, welche den Gründervater des Roten Kreuzes nicht vergessen hatten und ihn lange vor der Ehrung mit dem ersten Friedensnobelpreis zum Ehrenmitglied ernannten[52].

Die Königsberger „Querdroschke“

Auf Drängen des Polizeipräsidenten beschafft die Stadt Königsberg 1861 einen „Renitentenwagen“,[53] welcher im Volksmund „Querdroschke“ genannt wurde. Der Wagen war mit einem verschließbaren Deckel versehen und diente vor allem der „Fortschaffung von Betrunkenen“.

---

[51] Lennhoff u.a., S. 748, Artikel „Schlaraffia”

[52] Herden (2005 I), S. 123, Herden (2007) sowie „wf“ in Staatsanzeiger für Baden-Württemberg Nr. 44 vom 07. November 2008, S. 28 (Mensch und Zeit)

[53] Herden (2005 I) S. 203

Aus Prinz Wilhelm wird König Georg

Prinz Wilhelm von Schleswig-Holstein-Sonderburg-Glücksburg-Dänemark wird im März 1863 zum König von Griechenland gewählt.[54] Er tritt die Nachfolge von König Otto I. an, welcher im Vorjahr einem unblutigen Aufstand hatte weichen müssen. Verwandtschaftliche Beziehungen zum Haus Romanow (Russland) und Sachsen-Cobug-Gotha (Großbritannien) erleichterten seine politische Arbeit. Unter seiner Regierung fanden 1896 die ersten, olympischen Spiele der Neuzeit statt. König Georg fiel 1913 in Thessaloniki einem Attentat zum Opfer.

Österreichs Marine siegt vor Helgoland

Wilhelm Freiherr von Tegetthoff, dessen Familie seit der Zeit Kaiserin Maria Theresias im österreichischen Adelsstand steht, besiegt 1864 als Geschwaderkommandeur des gemeinsamen, österreichisch-preußischen Geschwaders im Gefecht vor Helgoland die Seestreitkräfte Dänemarks.[55]

Rumänisches Volk wählt Hohenzollern zum Fürsten

Karl Eitel Friedrich Zephyrinus Ludwig von Hohenzollern-Sigmaringen, also einer Seitenlinie des preußischen Königshauses entstammend, wird dank der massiven Protektion durch Kaiser Napoleon III. von Frankreich 1866 zum Fürsten von Rumänien gewählt.[56] Er konnte 1878 die Unabhängigkeit vom osmanischen Reich erreichen und wurde danach 1881 zum König von Rumänien proklamiert.

Bei der Kandidatur des Erbprinzen Johann von Hohenzollern-Sigmaringen im Jahr 1870 war der kleine Kaiser des großen Frankreich dann nicht mehr so kooperativ. Die Folgen sind bekannt: Die „Emser Depesche“ und der deutsch-französische Krieg 1870/71, aber auch die Abdankung Napoleons III.

---

[54] Brockhaus, Artikel “Georg, Griechenland, König Georg I.”
[55] DBE, Artikel „Tegetthoff, Wilhelm“, in Band 9 Seite 668
[56] Brockhaus, Artikel “Karl, Rumänien, Karl I.”

Rauchen allzu exzessiv

Am 06. Juni 1867 stirbt die junge Erzherzogin Mathilde von Österreich, geboren am 25. Januar 1849 in Wien, an den Folgen der Verbrennungen III. Grades, welche sich die 18-jährige beim heimlichen Rauchen zugezogen hatte. Als sie die Schritte ihres Vaters, des Erzherzogs Albrecht, herannahen hörte, verbarg sie die Zigarette hinter ihrem bauschigen Rock. Das mit Glycerin imprägnierte indische Musselin fing sofort Feuer.[57] An ihrem Totenbett weilte auch Kaiserin Elisabeth von Österreich, die weltbekannte Sissi.

Der Kaisersohn stirbt...

Am 27. September 1868 verstarb in Straßburg der Staatsminister (1860) und Präsident des Gesetzgebenden Körpers (1866), Herzog Alex. Florian Jos. Colonna Walewski, der im Jahre 1810 in Walewice geboren worden war.58 Er war ein natürlicher Sohn Kaiser Napoleons I. und hatte unter Kaiser Napoleon III. „diplomatische Verwendung" gefunden. Das Leben des Herzogs spiegelt die Geschichte seiner Zeit in einzigartiger Weise wieder. Der Sohn der Maria Gräfin Walewska mag wohl mit der Grund für die Scheidung Napoleons von Josephine de Beauharnais gewesen sein, wurde durch seinen illegitimen Sprössling doch unter Beweis gestellt, dass der „große Korse" nicht zeugungsunfähig war.

Für damalige Zeiten eine Frage allergrößter Bedeutung – schließlich ging es nicht nur um einen ganz normalen Kinderwunsch, sondern um die höchstpolitische Frage der Gründung einer neuen Dynastie. Dieses natürlich dann mit einer passenden Gemahlin aus den Reihen der Herrscherhäuser Europas.

Napoleon I. hatte die Mutter Walewska im Winter 1806/07 während des Feldzuges auf Schloss Finkenstein in Polen kennen gelernt. Sie suchte ihn übrigens während seines

---

[57] Leitner, S.258

[58] Brockhaus, Artikel: Walewski

Aufenthaltes in Wien im Sommer 1809 auf. Diesem Besuch soll der Sprössling seine Zeugung verdanken.

Napoleon I. wohnte damals in Schönbrunn, und unweit des Schlosses hatte man einfach für seine Geliebte ein standesgemäßes Palais beschlagnahmt. Die Gräfin wurde von dort stets mit einer Kutsche, deren Fenster verhangen waren, zu Napoleon I. ins Schloss gebracht.[59]

Nachdem sich die Schwangerschaft der Gräfin herausgestellt hatte, bemühte Napoleon I. seinen Leibarzt Dr. Corvisart[60], um die Gesundheit von Mutter und Kind sicher zu stellen

Per Sonderzug nach Havelberg

Mehr als 100 Kilometer mit der Bahn hat die Berliner Feuerwehr zurückzulegen, um im Jahr 1870 dem in Flammen stehenden Havelberg zu Hilfe zu eilen. Der Bürgermeister von Havelberg sieht die ganze Stadt bedroht und bittet die Berliner Feuerwehr um Hilfe. Auf königlichen Befehl, übermittelt durch das Innenministerium, besteigen Branddirektor Scabell, ein weiterer Feuerwehroffizier und 159 Feuerwehrmänner einen sofort zusammengestellten Sonderzug, auf welchen auch drei Spritzen, zwei Wasserwagen und ein Utensilienwagen verladen werden.

Um drei Uhr morgens am Brandort eintreffend, ordnet Scabell an, sofort soviel Wasser wie nur irgend möglich zu erhitzen. Dank des entschiedenen Handelns der Berliner Feuerwehr, unterstützt von der wieder Mut fassenden Bevölkerung, gelingt es, den Brand bis zum Mittag Einhalt zu gebieten. Bei der Rückkehr werden die Feuerwehrleute von ihren Berlinern wie Helden gefeiert.[61]

---

[59] Plischnack S. 145

[60] Plischnack, S. 161

[61] Herden (2005 I), S, 129

Patriotische Selbstaufopferung

Nicht nur während des deutsch-französischen Krieges 1870 war bekanntermaßen der Straßburger Münsterturm ein besonderes Symbol.

Im Krieg 1870 war der Münsterturm sakrales Gebäude, Beobachtungsposten der Verteidiger und Angriffsziel der Belagerer zugleich. Hierzu verdienen zwei zeitgenössische Berichte, jeder aus seinem eigenen Blickwinkel, Erwähnung.[62]

Ein bei der französischen Staatsbahn beschäftigter Straßburger, der aus Innerfrankreich ins Elsass gekommen war, berichtete in seinen Tagebuchaufzeichnungen: „Während des Tages hat der Feind – was unglaublich erscheinen wird, obwohl es vollständig wahr ist – von einer fünf Kilometer entfernten Batterie aus eine Kugel auf die Laterne des Münsterturms geschossen, die sich zwei Meter unterhalb des höchsten Punktes befindet (140 Meter hoch). Ohne den Draht des Blitzableiters, der sie noch heute festhält, wäre sie herunter auf die Steinfließen gefallen."

„Ganz oben, bis zur äußeren Spitze des Kreuzes auf dem Münster, war ein französischer Hauptmann geklettert, als im September 1870 die Festung Straßburg von deutschen Truppen belagert und beschossen wurde… ein unglaublich mutiger Mann muss es gewesen sein… ganz bewusst hat er sein Leben geopfert für Frankreich, sein Vaterland." Nur von dieser Höhe aus konnte ein Artilleriebeobachter hinter die deutschen Linien schauen. Wo sonst die französischen Verteidiger standen, war es ihnen nirgendwo möglich, die Stellung der deutschen Geschütze zu erkennen. Die aber feuerten aus allen Rohren in die bereits veralteten Bastionen und Batterien der Belagerten.

Die französischen Kanonen konnten gegen die Geschütze der Preußen, Badener, Bayern und Württemberger nur dann Erfolge erzielen, wenn ihr Feuer gelenkt wurde. Dazu mussten sie aber wissen, wie „die Einschläge liegen". Deshalb kletterte der todesmutige Capitain auf die Spitze des Münsterturmes, um mit dem Fernglas sehen zu können, wo die Granaten seiner

[62] Herden (2007), S.

Landsleute einschlugen. Diese informierte er mittels der damals üblichen Flaggensignale, welche den noch nicht bekannten Funk ersetzten und von den Militärs allgemein verstanden wurden. Dieser Bericht stammt aus der Feder des Enkels eines deutschen Bahnbeamten, dessen Vater später fast sogar „Reichsprotektor für das Elsass“ wurde…

Das Feldphotographie-Detachement…

Nachdem man von preußischer Seite aus bereits seit 1867 Versuche mit „Photogrammetrischen Verfahren“ angestrengt hat, und für den Ingenieur-Belagerungstrain 1869 die Beschaffung mehrerer „planchettes photographiques“ vorgesehen hatte, trifft das preußische „Feldphotographie-Detachement“ im September 1870 vor dem belagerten Straßburg ein.[63] Die Errichtung der Einheit war bereits am 23. Juli beschlossen worden, die Beschaffung eines neuen Apparates dauerte jedoch bis Ende August. So konnte die Mobilmachung dann am 01. September erfolgen. Hauptmann Burchardi befehligte diese Einheit, welche aus 2 Offizieren, drei Photographen, zwei Zeichnern und 10 Pionieren bestand, sowie mit einem Stations- und einem Requisitenwagen ausgestattet war.

Erbunwürdigkeit einmal Englisch

Bis zum Jahre 1870 brachten nach englischem Recht zwei Delikte – Verrat und Suicid – zwangsläufig Ehrverlust mit sich.[64] Abgesehen davon, dass nach englischem Recht ein Selbstmordversuch lange Zeit stets erfolgreich war – er wurde als Kapitalverbrechen mit dem Tode bestraft – durften Selbstmörder erst ab dem Jahre 1823 in der geweihten Erde eines Friedhofes bestattet werden. Und bis 1882 hatten die Beisetzungsfeiern in diesem Fall zwischen 21.00 und 24.00 Uhr stattzufinden.

Schlimmer aber für die Erben war die Folge der Ehrlosigkeit des Erblassers: Er konnte danach (bis ins Jahr 1870) keine Titel und Rechte mehr vererben. Und sein Eigentum verfiel

---

[63] Herden (2007), S.

[64] Cawthrone, S. 231 f.

der Krone. Im Jahre 1562 ertrank Sir James Hales, seines Zeichens Richter. Jedenfalls war nicht klar, ob Seine Ehren freiwillig oder durch ein Unglück aus dem Leben geschieden war. Ein Gericht hatte darüber zu entscheiden. Ob Sir James bei seinen Kollegen wohl unbeliebt war? Diese entschieden, dass Sir James den Freitod gesucht hatte – mit der Folge, dass seine Frau das der Krone verfallene Besitztum zu räumen hatte und sich auf der Straße wiederfand. Erbunwürdigkeit also einmal zum Nachteil unschuldiger Erben – glücklicherweise aber längst passé.

Gesetz über die Vereinigung...

Durch das „Gesetz über die Vereinigung von Elsaß und Lothringen mit dem Deutschen Reich“[65] werden 1871 die Reichslande „mit dem Deutschen Reiche für immer vereinigt“. Die Staatsgewalt im Elsaß und in Lothringen übt der Kaiser aus. Die Elsässer aber empfanden sich geradezu kolonialisiert, das Elsaß als „Preußens erste Kolonie“.[66]

Roter Rock unter rotem Ahorn

Durch Parlamentsgesetz vom 23. Mai 1873 wird die Grundlage für die Schaffung der „Royal Canadian Mounted Police – Gendarmerie Royale du Canada“, der königlich-canadischen berittenen Polizei, geschaffen. Die Konzeption der Polizeitruppe hatte Sir John A. Macdonald, Canadas erster Premierminister und Justizminister, entworfen. Er hatte sich dabei von der „Royal Irish Constabulary“ und den berittenen Schützeneinheiten der US-Army inspirieren lassen. Ziel der „Rotröcke“ war es, Recht, Gesetz und die canadische Hoheitsgewalt in die Nod-West-Territorien zu bringen.

Die Royal Canadian Mounted Police nahm im August (Order in Council 1134 vom 30. August 1873) ihre Tätigkeit auf. Die Aufgaben der weltberühmten Rotröcke umfassen u.a. auch

[65] vom 09. Juni 1871
[66] hierzu ausführlich Riedel

die Bekämpfung von Präriebränden, aber auch die medizinische Notfallversorgung von einsam lebenden Siedlern..[67]

Des Kaisers Wort ist Gesetz

Landesgesetze für Elsaß-Lothringen werden ab 1873 mit Zustimmung des Bundesrates vom Kaiser erlassen.[68] Eine Traumrolle für Majestät, die ihm selbst im angestammten Preußen längst nicht mehr zukommt...

Die Mark wird Zahlungsmittel

Die Mark löst 1873 als gesetzliches Zahlungsmittel die Währungen der einzelnen, deutschen Bundesstaaten ab.[69] Bis zu Beginn des I. Weltkrieges wird sie Goldwährung bleiben, d.h. es besteht eine Goldeinlösungspflicht für die gesetzlichen Zahlungsmittel. Wahrhaft: Gute, alte Zeit...

Reichstagssitze und Biersteuer

Durch § 2 des Gesetzes betreffend die Einführung der Verfassung des Deutschen Reiches in Elsaß-Lothringen[70] von 1873 erhalten die Reichslande fünfzehn Sitze im Deutschen Reichstag. Das Gesetz trifft in seinem § 3 ferner wichtige Regelungen für die Biersteuer.

Branddirektor im Kaiserhof von Feuer umringt...

In Berlin, zwischen dem Wilhelmsplatz und dem Ziethenplatz liegt das neu erbaute Hotel „Kaiserhof“ welches gerade acht Tage zuvor eröffnet worden war. Es ist mit 262 Zimmern damals das größte Hotel Berlins – und für damalige Zeiten auch recht mondän und luxuriös. Am 10. Oktober 1875, Branddirektor Gustav Witte hatte gerade zum 01. Oktober 1875 das Kommando der Berufsfeuerwehr Berlin von Branddirektor

---

[67] www.rcmp-grc.gc.ca/html/history.htm

[68] Gesetz betreffend die Landesgesetzgebung von Elsaß-Lothringen vom 02. Mai 1873

[69] Münzgesetz vom 09. Juli 1873

[70] Gesetz, betreffend die Einführung der Verfassung des Deutschen Reiches in Elsaß-Lothringen vom 25. Juni 1873

Ludwig Carl Scabell übernommen, bemerkt man in der Feuerwache an der Ecke Kronenstraße / Mauerstraße, dass aus dem Dach des Kaiserhofs dichter Rauch in den sonnigen Himmel aufsteigt. Die Feuerwehr war mit allen verfügbaren Kräften im Einsatz.

Gegen Mittag trifft ein Bataillon des 2. Garde-Regiments am Brandplatz ein – nicht nur, um die überforderten Schutzleute der Polizei bei den Absperrarbeiten zu unterstützen, sondern vor allem auch um die im wahrsten Sinne des Wortes völlig ausgepumpten Spritzenmänner an den Handdruckspritzen abzulösen. Der Schaden am Gebäude ist erheblich, der Dachstuhl komplett zerstört.

Unter den Geretteten auch ein Herr in „Gesellschaftstoilette", vom Feuer eingeschlossen: Der frühere Branddirektor Scabell, welcher so erstmals dem Feuer weichen musste...[71]

Wasser predigen, Wein trinken...

Die sächsische Kammer wird 1876 davon in Kenntnis gesetzt, dass einer der Pfarrer sich von der Kanzel herab gegen die Feuerversicherungen ausgesprochen habe, weil diese dazu dienen sollen, die Strafen Gottes von den Menschen abzulenken und deshalb gottlos seien. Spätere Erhebungen ergaben, dass der geistliche Herr aber höchstpersönlich sein Eigentum einer Feuerversicherung anvertraut habe…

Im Gegensatz dazu riet ein württembergischer Geistlicher seinen Gemeindegliedern, ihre Häuser mit Blitzableitern auszustatten. Ein besonders frommer Mann stellte seinem Pfarrer darauf die Frage, wie der Herrgott die Menschen dann noch strafen könne? „Mit Dummheit", lautete die wackere Antwort dieses Gottesmannes.[72]

---

[71] Herden (2005 I), S. 138
[72] Herden (2005 I), S. 139

Die Kathedrale brennt zu Ehren des Kaisers...

Am 08. Mai 1877 besuchte Kaiser Wilhelm I. die Stadt Metz, die nunmehr als Teil Elsaß-Lothringens zum Deutschen Reich gehörte. Aus diesem Anlass ließ man die bekannte Kathedrale bengalisch beleuchten. Wenige Stunden nach dieser Illumination brach ein Feuer aus. Das Dach der Kathedrale war verloren. Das Innere des Gotteshauses war erheblich beschädigt. Der Brand rief bei der Bevölkerung große Bestürzung hervor.[73]

Mark Twain: Die Deutschlandreise und der Mist

Ende der siebziger Jahre des 19. Jahrhunderts reiste Mark Twain, der Vater „Tom Sawyer's" und „Huckleberry Finn's" durch Europa und Deutschland. Dabei gönnte er sich neben einem Abstecher in Heidelberg auch einen Besuch im Schwarzwald, der ihn zu folgendem Charakteristikum veranlasste:

Wir wurden im Schwarzwald sehr vertraut mit dem Stalldünger. Ohne dass wir es eigentlich wollten, gewöhnten wir uns an, Rang und Stand eines Mannes nach diesem äußeren, sehr beredten Zeichen festzusetzen. Manchmal sagten wir: „Da wohnt ein armer Mann, das ist ganz offensichtlich". Erblickten wir eine stattliche Anhäufung, sagten wir „Ein Bankier". Wenn wir einem Landsitz begegneten, der von alpiner Mistpracht umgeben war, sagten wir „Hier wohnt zweifellos ein Herzog".[74]

Das Krematorium zu Gotha

Mit der ersten, modernen Feuerbestattung geht am 10. Dezember 1878 im sächsischen Gotha der erste Krematorium Deutschlands in Betrieb.[75] Bereits 1741 hatte Friedrich der Große für den Fall seines Todes seine Verbrennung angeordnet. Vor allem in gebildeten Kreisen findet die Feuerbestattung Anklang, stößt jedoch bei der katholischen Kirche auf erbitterten Wiederstand: Sogar das Heilige Offizium lässt sich zu einer

---

[73] Herden (2005 I), S. 140
[74] Twain, S. 199
[75] Faller, a.a.O.

offiziellen Verlautbarung in Form eines Dekrets im Jahr 1886 herab. Jedoch ohne Wirkung.

Battenberger Fürst von Bulgarien

Prinz Alexander Joseph von Battenberg wird 1879 gewählter Fürst von Bulgarien.[76] Eine großartige Karriere für einen Prinzen, welcher einer sog. Morganatischen, d.h. nicht ebenbürtigen Ehe entstammte. Seiner Mutter war als ehemaliger Hofdame von ihrem Schwager der Titel einer Gräfin von Battenberg verliehen worden. Prorussische Offiziere erzwangen jedoch 1886 seinen Rücktritt.

Kuhtritt mit Folgen

In Chicago brach am 08. Oktober 1879 ein Feuer aus, das bis zum 10. Oktober nicht unter Kontrolle zu bringen war. Ursache des Brandes, bei dem 18.000 Gebäude zerstört, 90.000 Menschen obdachlos wurden und 250 Menschen getötet wurden, war eine Kuh, die im Südwesten der Stadt in einer Scheune eine brennende Kerosinlampe umgetreten hatte. Der Brand verheerte eine Fläche von rund 10 Quadratkilometern. Ihm fielen Banken, Theater, Opernhaus und Stadthalle zum Opfer.[77]

Indirekt ... oder gar nicht wählen!

Nach dem Gesetz betreffend die Verfassung und Verwaltung von Elsaß-Lothringen[78] von 1879 wird auch das Wahlrecht für den Landesausschuß, eine Art kastrierten Landtag, geregelt. Die Wahlen erfolgen indirekt und geheim. Dort, wo aus politischen Gründen die Gemeinderäte suspendiert sind, wird auch nicht gewählt...

---

[76] Brockhaus, Artikel "Alexander, Bulgairen, Alexander I."
[77] Herden (2005 I), S. 141
[78] vom 04. Juli 1879

Die Londoner Nebel-Katastrophe

London wird im Januar und Februar 1880 von einer Nebel-Katastrophe heimgesucht, welche 1557 Menschen an Krankheiten der Atemwege innerhalb einer Woche sterben lässt. Dies sind 1118 mehr als in einer durchschnittlichen Woche an dieser Todesursache sterben. Im Zeitraum von zwei Monaten werden über 2000 Menschen Opfer dieser gefährlichen Mischung aus Nebel und Rauch, welche später den Namen „Smog" bekommen wird (aus „Smoke" = Rauch und „Fog" = Nebel gebildetes Wort). Die einsetzende Industrialisierung macht sich deutlich mit ihren Auswirkungen auf die Umwelt bemerkbar.[79]

Majestäten zur Parade...

Die Berliner Feuerwehr wird dadurch ausgezeichnet, dass sie im Jahr 1881 „Seiner Majestät dem Kaiser und König" vor dem kaiserlichen Palais „vorgeführt" wird. Bereits 1877 durfte die Berliner Feuerwehr auf dem Exerzierhof der Hauptwache „Seiner Majestät, dem Kaiser von Brasilien", ihre Leistungsfähigkeit präsentieren. Und am 02. August 1881 hatte sich der König von Hawaii, Kalakaua, zu einer größeren Übung die Ehre gegeben.[80]

Völlig unerträgliche Beziehung...

Herbert Fürst Bismarck, der Sohn des Eisernen Kanzlers Otto Fürst Bismarck, will 1881 die Ehe mit der geschiedenen und noch dazu katholischen Fürstin Elisabeth Carolath eingehen. Sein Vater droht dem ungehorsamen Sohn mit Enterbung. Und als auch dies nichts nützt, mit der ultima ratio – dem Selbstmord des Vaters, des „Eisernen Kanzlers"! Sohn Herbert verzichtete hierauf auf die Hand seiner Angebeteten.[81]

---

[79] Geiss (Hrsg.), S. 672
[80] Herden (2005 I), S. 143
[81] Röhl (1987), S. 39

Die goldene Kuppel der russischen Kirche

Seit 1882 leuchtet die goldene Kuppel der russisch-orthodoxen „Kirche der Verklärung des Herrn“ über Baden-Baden. Bereits ab 1855 hatten russische Adelige für das Projekt gesammelt, welches erst durch die Protektion der „Prinzessin Wilhelm“, geborene Maria Maximilianowa Romanowski-Leuchtenberg, der Gattin des Prinzen Wilhelm und Schwägerin des Großherzogs Friedrich I. umgesetzt werden konnte.[82]

Krakatau und Tsunami

Auf der Insel Krakatau, zwischen Sumatra und Java gelegen, bricht 1883 der Vulkan Perbuatan, welcher bereits seit Mai aktiv war, aus. Der nördliche Abschnitt der unbewohnten Insel versinkt im Meer, es bleiben nur noch 15 von vormals 33 qkm Fläche der Insel übrig. Der Einsturz des 822 m hohen Inselvulkans verursacht eine Flutwelle, die an den Küsten Sumatras und Javas verheerende Zerstörungen hinterlässt und rund 36.000 Todesopfer fordert.[83]

Der königliche Prinz von Großbritannien...

Der am 19. Juli 1884 auf Schloß Claremont in England geborene Carl Eduard von Sachsen-Coburg und Gotha wurde in England und unter dem Einfluss seines Onkels, Kaiser Wilhelm II., in der Hauptkadettenanstalt Lichterfelde und an der Universität Bonn herangebildet. Er diente von 1904 bis 1905 als Leutnant im exklusiven, 1. Garderegiment in Potsdam, und nahm am I. Weltkrieg als General teil. Carl Eduard war der Sohn des Herzogs Leopold von Albany, des jüngsten Sohnes der Königin Victoria von England und des aus Coburg stammenden Prinzgemahls Albert. Der Vater war bereits vor der Geburt des Prinzen gestorben. Der Herzog übernahm 1905 die Regierung, verzichtete 1918 nicht und trat seit 1920 in der „nationalen“ Öffentlichkeit Deutschlands hervor.[84]

---

[82] Borchardt-Wenzel, Stammtafel nach Seite 298
[83] Geiss (Hrsg.), S. 699
[84] Rall, S. 225

Carl Eduard von Sachsen-Coburg und Gotha, Mitglied des Nationalsozialistischen Kraftfahrer-Korps seit 1932, war sich übrigens auch nicht zu schade, (Ehren-)Führer im Generalsrang des NSKK zu werden.[85] Er repräsentierte in dieser Uniform, wie Fotos beweisen, auch in der Öffentlichkeit.[86] Der Herzog trat 1933 in die NSDAP und die SA ein, wo er die Position eines Ehrenführers im Range eines Gruppenführers inne hatte.[87]

Der Herzog wurde 1936 „Präsident der deutschen Frontkämpferverbände, und 1938 „Präsident des Ausschusses einer Vereinigung der deutschen Frontkämpferverbände von 14 Nationen“.

Reichspräsident Paul von Hindenburg ernannte Carl Eduard Herzog von Sachsen-Coburg und Gotha, Mitglied des Reichstages, Mitglied der NSDAP und NSKK-Obergruppenführer (General)[88], zum Präsidenten des DRK.

Das DRK wurde unter seiner Führung fest in das NS-System eingebunden. Dies kam inhaltlich im neuen Gesetz über das Deutsche Rote Kreuz vom 09. Dezember 1937 sowie in der neuen Satzung vom 24. Dezember 1937, persönlich in der Ernennung des „Reichsarztes SS“ Robert Grawitz zum „Geschäftsführenden Vizepräsidenten des DRK“ zum Ausdruck.

Deutlich wurde dies aber auch im Treueid der DRK-Helfer auf Adolf Hitler, und im neuen Hoheitszeichen des DRK, das auch auf den Mützen aller Helfer angerbacht war: Das Rote Kreuz fest in den Fängen des hakenkreuzgeschmückten Adlers. Wen wundert es danach, dass die alliierten Mächte das Deutsche Rote Kreuz in ihren Besatzungszonen erst einmal verboten haben...

---

[85] Rall, S. 372

[86] Angolia / Littlejohn, S.99

[87] vgl. auch die kurze (und fast verschämte) Darstellung des Präsidenten des DRK auf der offiziellen DRK-Internetseite. unter www.drk.de/generalsekretariat/archiv/praesidenten/pr02.htm vom 26. November 2002

[88] Biege, S.244, Anmerkung 13

Nach dem Kriege wurde der Herzog von Coburg eineinhalb Jahre interniert. Die kurze Zeit der Internierung hatte er vermutlich seiner englischen Verwandtschaft zu verdanken, die wohl engagiert half, den Mantel des Vergessens über die Taten des Multifunktionärs zu decken. Dies, obwohl er während des I. Weltkrieges selbstverständlich auf seinen – später wieder heiß geliebten Titel „Königlicher Prinz von Großbritannien" verzichtet hatte.

Herzog Carl Eduard von Sachsen-Coburg-Gotha verstarb, von schwerer Krankheit gezeichnet und leidend, am 06. März 1954 in Coburg.

Der Reisekaiser im Reichsland...

In Straßburg weilte Kaiser Wilhelm II. bei seinem Besuch am 21. August 1889 bereits zum dritten Mal[89]. Er soll dabei nicht ungern auf das Wohl der Reichslande Elsass-Lothringen, der Stadt Straßburg und des kaiserlichen Statthalters Chlodwig Fürst von Hohenlohe-Schillingsfürst (er sollte von 1897-1900 das Amt des Reichskanzlers bekleiden) seinen Becher gehoben haben. Über Straßburg soll der „Reisekaiser" gesagt haben: „Die Stadt heimelt Mich an".

Wilhelm II. war bekannt dafür, seine Lande gerne und überraschend zu bereisen. Und er war auch derjenige deutsche

[89] Rall, S. 63

Monarch, welcher es erstmals wie kein anderer verstand, sich beispielsweise die neuen Techniken des Drucks zu Diensten zu machen: Kein noch so armer Haushalt in Deutschland, der nicht einem Bild des Kaisers den ihm gebührenden Ehrenplatz an der Wand einräumte. Majestät zum anhimmeln und verehren…

Überhaupt war Wilhelm II. der deutsche Kaiser, dessen Reiselust zur bedeutendsten Grundlage seiner so großen Popularität geworden ist.

Majestät zwar nicht unbedingt zum Anfassen, aber zum selbst Erleben von der Waterkant bis zu den Alpen, mit strahlender Uniform und klingendem Spiel, mit markigen Worten und vaterländischem Gesang, das war der Spiegel der Zeit, in welchen der „anständige Deutsche“ so gern hineinsah.

Diese dritte Reise ins Elsass war jedoch diejenige, welche erstmals wegen „des Reichslandes selbst erfolgt“ war[90].

Kaiser Wilhelm II. sei gekommen, um den Elsass-Lothringern ihren Kaiser zu zeigen und damit aller Welt zu beweisen, dass die Verbindung mit dem Deutschen Reich eine unauflösbare sei.

Wilhelm II. beabsichtigte, im neu erbauten Kaiserpalast zu Straßburg zu residieren, und damit „der Zugehörigkeit der wiedergewonnenen Länder zu Deutschland eine erhöhte Weihe“ zu verleihen: „Was Kaiser Friedrich im vorigen Frühjahr in seiner Proklamation an die Elsass-Lothringer aussprach, dass an eine Änderung des jetzigen Rechtszustandes nie und nimmer zu denken sei, das hat unser jetziger Kaiser in seiner bekannten Festrede zur Enthüllung des Denkmals des Prinzen Friedrich Karl von Preußen in Frankfurt an der Oder wiederholt“.

Es werde aus Anlass dieser Kaiserreise auch wieder an gehässigen Stimmen aus Paris nicht fehlen, jedoch werde der Kaiser, wie sein Vater und Großvater, in den Reichslanden mit festlichen Veranstaltungen begrüßt werden.

Es wird aber auch damals schon nicht verhehlt, dass die beiden Jahrhunderte, in welchen das Reichsland zu Frankreich

---

[90] vgl. zum Folgenden: Lahrer Zeitung, Nr. 195 vom Mittwoch, 21. August 1893

gehörte, naturgemäß ihre tiefe Wirkung gehabt haben, welche von zwei Jahrzehnten nicht verscheucht werden kann...

Am 09. September 1893 traf Kaiser Wilhelm II. wiederum zu einem „Tagesbesuch" in Straßburg ein, auf seinem Besuch diesmal begleitet vom Kronprinzen von Italien[91]. Kronprinz Viktor Emanuel, Sohn des Königs Umberto I., sollte später als König Viktor Emanuel III. Italiens Thron besteigen.

Zuvor hatte Wilhelm II. mit seinem Staatsgast Metz besucht, wo er in Erwiderung der Begrüßungsansprache des Bürgermeisters Halm die Stadt Metz und ihr Armeecorps einen Eckpfeiler in der militärischen Macht Deutschlands nannte, „dazu bestimmt, den Frieden Deutschlands, ja ganz Europas, dessen Erhaltung Mein fester Wille ist, zu schützen." Positiv sah es Wilhelm II., der in Urville lothringischer Grundbesitzer geworden war, dass „Mich Meine Lothringer dort haben wollen".[92]

In seinem Trinkspruch in Metz sagte der Kaiser, er fühle sich unter seinen Nachbarn in Urville wohl, versehen mit dem Nachsatz „Das geeinte Deutsche Reich sichert Ihnen den Frieden, und deutsch sind Sie und werden Sie bleiben, dazu helfe uns Gott und unser deutsches Schwert." Der Kaiser traf in Straßburg auf dem Bahnhof Neudorf[93] ein, stieg dort alsbald zu Pferd und begab sich nach dem Polygon, wo sich bis dahin die Truppen des 15. Armeekorps zur Parade aufgestellt hatten.

Die Parade, welche einen hervorragenden Verlauf nehmen sollte, kommandierte der General der Infanterie von Blume. Auf dem Weg zum Paradeplatz soll der Kaiser „von einer zahlreichen Volksmenge jubelnd begrüßt worden sein".

Nach der „Manöverkritik" ritt der Kaiser die Front der Militär-Vereine des Ober- und Unter-Elsass ab, sprach huldvoll mit einigen der Mitglieder der Kriegervereine und setze sich dann

---

[91] Rall, S. 75

[92] es sei doch die Anmerkung erlaubt, ob Wilhelm II. „seine" Lothringer überhaupt gefragt hat, und wenn ja, dann hat man ihnen wohl kaum die Chance einer abweichenden Meinung gelassen...

[93] vergleiche zum Folgenden: Lahrer Zeitung, Nr. 213 vom Dienstag, 12. September 1893

an die Spitze der Fahnen-Kompanie, um nach Straßburg hinein zu reiten.

Unter Glockengeläut hielt Wilhelm II., bejubelt von einer zahlreichen Volksmenge, Einzug in Straßburg. In seiner Begleitung befanden sich hierbei der Kronprinz von Italien und der Großherzog von Baden. Auf dem Broglieplatz wurde S.M. unter einem Baldachin feierlich vom Bürgermeister und Gemeinderat begrüßt.

Auf die Begrüßung antwortete Wilhelm II. u.a.:

„Meiner Anhänglichkeit und Liebe für Ihre herrliche Stadt, dieser Perle der deutschen Lande, hätte eigentlich ein längerer Aufenthalt entsprochen. Ich habe als Junge schon wie jeder Deutsche oft das Lied „Oh Straßburg, oh Straßburg, Du wunderschöne Stadt" gesungen, und dabei zu Gott gebetet, dass Straßburg, für das ich immer besondere Sympathie empfand, wieder deutsch werden möge.

Dieser Wunsch ist ja nun in der Zwischenzeit glücklich in Erfüllung gegangen, wenn es mir selbst auch nicht vergönnt war, dabei mitzuwirken. Ich schätze Straßburg als eine der besten deutschen Städte, und bin überzeugt, dass auch die Straßburger in der Widervereinigung mit dem Deutschen Reiche sich wohl fühlen".

Der Herzog von Lauenburg

Kaiser Wilhelm II. hat den großen Lotsen der Deutschen Reiches, Otto Fürst Bismarck, 1888 als Reichskanzler von der Brücke verdrängt. Mit der Verleihung des Titels „Herzog von Lauenburg" soll über das tiefe Zerwürfnis zwischen dem alten, weisen Kanzler und dem jungen, unerfahrenen Kaiser hinweggetäuscht werden.

Helgoland wird deutsch

Die Insel Helgoland, seit 1714 dänisch, seit 1814 britisch, wird 1890 gegen Sansibar eingetauscht und danach Teil des Deutschen Reiches und Teil Preußens. 1841 hatte Hofmann von Fallersleben auf der Insel das Deutschland-Lied geschrieben.

Insel-Bewohner und vor dem 11. August 1890 geborene Kinder wurden von der Wehrpflicht befreit.[94]

Kaisers Zuversicht...

Feingeistig und feinsinnig wie stets, dachten Seine Majestät 1891 laut über die Treuverpflichtungen ihrer Truppen nach: „Es gibt für Euch nur einen Feind, und der ist Mein Feind. Bei den jetzigen, socialistischen Umtrieben kann es vorkommen, dass Ich Euch befehle, Eure eigenen Verwandten, Brüder, ja Eltern niederzuschießen – was ja Gott verhüten möge -, aber auch dann müsst Ihr meine Befehle ohne Murren befolgen."[95] Ein kaiserlicher Idealist eben...

Cholera-Epidemie in Hamburg

In Hamburg fordert 1892 eine Cholera-Epidemie, die selbst auf Berlin überzugreifen droht, rund 8.000 Todesopfer. Hauptursache der Epidemie sind die Wohnverhältnisse unter denen die Arbeiterschaft zu leiden hat. Seuchenlazarette werden in Form von Feldlazaretten in Zelten untergebracht, wie z.B. beim Eppendorfer Krankenhaus.[96]

Die feine Militärakademie

Bereits 1752 war die feine und traditionsreiche, österreichische Militärakademie in der Wiener Neustadt gegründet worden, um dem Offiziersnachwuchs Bildung und Schliff, aber auch gute Umgangsformen zu vermitteln. Mit Tapferkeit und Kampfeslust scheint dies erfolgreich gelungen zu sein, mit den feinen Sitten nicht immer: Im Jahr 1892 lieferten sich zwei Jahrgänge der Militärakademie eine Rauferei, besser eine Saalschlacht, in der sie nicht nur den Speisesaal samt Einrichtung völlig demolierten, sondern auch das Krankenhaus

---

[94] Reichsgesetz, betreffend die Vereinigung Helgolands mit dem Deutschen Reich, vom 15. Dezember 1890

[95] Am 23. November 1891 anlässlich der Rekrutenvereidigung der Potsdamer Garderegimenter. Zitiert nach Johann, S. 56

[96] Herden (2005 I), S. 152

der Wiener Neustadt reichlich mit Verwundeten anfüllten – zwei von ihnen befanden sich sogar in Lebensgefahr.[97]

Guter Mond, du gehst so stille...

Im Jahr 1895 wurde der von Brunsbüttel nach Kiel-Holtenau führende Nord-Ostesse-Kanal unter seinem ursprünglichen Namen „Kaier-Wilhelm-Kanal“ eingeweiht. Zu diesem hohen Staatsakt hatte Seine Majestät Kaiser Wilhelm II. Ehrengäste aus Nah und Fern eingeladen. Zur Begrüßung der Delegation des osmanischen Reiches, der heutigen Türkei also, erklang zum Erstaunen aller die Weise „Guter Mond, Du gehst so stille“. Die Marinekapelle verfügte nicht über den Satz der türkischen Nationalhymne, so dass sich der findige Musikmeister, in Anspielung auf den Mond in der osmanischen Flagge, mit dem deutschen Lied behalf.[98]

Des Zaren unglückliche Hochzeitsfeier...

Anlässlich der Krönungszeremonie für Zar Nikolaus II. hatten sich 1896 auf dem Chodynkafeld in Moskau mehrere zehntausend Menschen versammelt. Auf dem Feld waren 150 Buffets und 10 Pavillons errichtet worden, und gegen zehn Uhr vormittags sollte mit der Verteilung von rund 400.000 Zarengeschenken begonnen werden. Die Geschenke bestanden aus einem Bündel mit Lebensmitteln, sowie einem Emaillebecher mit Zarensiegel. Emaille gehörte damals für die ärmeren Volksschichten noch zu den seltenen Reichtümern.

Das Chodynka-Feld diente der Garnison als Übungsplatz. Es war deshalb mit Gräben und Brustwehren überzogen. Während der Feierlichkeiten kam es zu einer Katastrophe. Eine schlecht gebaute und völlig überlastete Holztribüne stürzte ein, wobei mehrere tausend Menschen den Tod fanden. Fluchtmöglichkeiten waren nicht vorhanden. Binnen einer Viertelstunde war das Unglück eingetreten, dem die wenigen anwesenden Polizisten und Kosaken (Soldaten) nicht Herr werden konnten. Die

---

[97] Stern-Braunberg, S. 11
[98] Brockhaus (1996), S. 72

Moskauer Feuerwehr musste die Toten und Verwundeten bergen.[99]

Trotzdem gingen die Krönungsfeierlichkeiten weiter, was insbesondere das einfache Volk dem Kaiserhaus der Romanows sehr übel nahm: Es war im wahrsten Sinne des Wortes ein Fest auf Leichen.

Opfer des Wohltätigkeitsbasars

19 Stunden dauerte der Brand am 04. Mai 1897, der den Wohltätigkeitsbasar im 8. Bezirk von Paris zu einem Raub der Flammen machte und bei dem über 400 Personen zu Tode kamen[100]. Dreiviertel der Opfer waren bis zur Unkenntlichkeit verkohlt, der Rest von ihnen erstickt. Die Brandkatastrophe löste in der französischen Öffentlichkeit eine erneute Diskussion über die Sicherheitsvorschriften für öffentliche Einrichtungen aus.

Der Basar war in einer 80x30 Meter großen Baracke untergebracht. Der päpstliche Nuntius hatte das Unternehmen, bei dem Damen der höchsten Aristokratie sich für die Wohltätigkeit einsetzen, bei der Eröffnung gesegnet. Auch am zweiten Tage, kurz vor Brandausbruch, hatte er seinen Segen erneuert.[101]

Die Holzkonstruktion des Basars, die eine mittelalterliche Straßenflucht darstellen sollte, war mit Zeltkonstruktionen und einem Stoffhimmel versehen. Eine mit Wasserstoff gefüllte Montgolfiere, sowie ein in einer Ecke der Konstruktion untergebrachter Kinematograph gehörten ebenfalls zu den unglaublichen Anhäufungen von Brandgefahren auf dem Basar.

Die Tragödie selbst hat weniger als eine halbe Stunde gedauert. Unter den Opfern war auch die Herzogin von Alencon, Schirmherrin dieses Wohlfahrtsbasars, und, als geborene Herzogin in Bayern aus dem Hause Wittelsbach stammend, eine Schwester der Kaiserin von Österreich, der noch heute legendären Sissi.

---

[99] Herden (2005 I), S. 155
[100] Herden (2005 I), S. 158
[101] Effenberger, S. 540

Kaisers Verhältnis zum Islam

In feinsinniger Art und Weise für den türkischen Sultan und feindseliger Berechnung gegen England und Frankreich erhebt sich Kaiser Wilhelm II. 1898 zum europäischen Protektor der Moslems: „Möge der Sultan und mögen die 300 Millionen Mohammedaner, die, auf der Erde verstreut, in ihm ihren Kalifen sehen, dessen versichert sein, dass zu allen Zeiten der Deutsche Kaiser ihr Freund sein wird.“ [102]

Lord Kitchener befriedet den Sudan

Lord Kitchener war überzeugt davon, dass der Welt nur Sicherheit durch die „Pax Britannica“ gegeben werden könne. Als treuer Diener ihrer Majestät schlug er 1898 siegreich die Aufstände im Sudan nieder. Und engagierte sich „überobligationsmässig“, indem er sich aus dem Schädel des geschlagenen Feindes ein Tintenfass anfertigen ließ. Britisch und sportiv zumindest die Tatsache, dass er den Mahdi nicht seines Lebens, sondern nur seiner Totenruhe berauben musste, um zu seinem Wunschtintenfass zu kommen. Auf Befehl des Kommandanten wurden die sterblichen Überreste des Gegners exhumiert, wodurch man dann den begehrten Rohstoff für das Tintenfass erlangte...[103]

Im 1899 folgenden Burenkrieg um die Herrschaft am Kap Südafrikas tat sich der gleiche, englische Gentleman übrigens dadurch hervor, dass er „die Bevölkerung in den Krieg mit einbezog“, im Klartext: Er ließ rund 30.000 Farmen und deren Ländereien niederbrennen, sowie die Bewohner, vor allem Frauen und Kinder, in britische Konzentrationslager einliefern. Über 40.000 Menschen fielen dieser Politik eines noblen Gentlemans zum Opfer.

---

[102] Im Rahmen einer Tischrede am 08. November 1898 in Damaskus. Zitiert nach Johann, S. 81

[103] Ries, S. 89

Bürgerliches Gesetzbuch tritt in Kraft

Im Deutschen Reich tritt zur Jahrhundertwende das Bürgerliche Gesetzbuch in Kraft. Im Gegensatz zu den heutigen Blitzgesetzen in Jahrzehnten gereift, sind seine Grundzüge und Prinzipien noch heute geltendes Recht. Und das Gesetz ist in sich schlüssig. Auffällig ist nur die starke und intensive Ausdifferenzierung des Bienenrechts, das seinen Ursprung in der Hobby-Imkerei eines der Gesetzesautoren fand.

Das Bürgerliche Gesetzbuch ersetzt die zivilrechtlichen Partikulargesetzte der einzelnen, deutschen Länder. So galt bis dahin beispielsweise in Preußen das Allgemeine Landrecht, in Baden das Badische Landrecht mit enger Anlehnung an den Code Napoleon, in manchen deutschen Provinzen auch direkt französisches Recht. Über das Einführungsgesetz zum Bürgerlichen Gesetzbuch ist es aber auch heute nicht in jedem Fall ausgeschlossen, auf eines dieser Altrechte verwiesen zu werden: Nämlich dann, wenn es sich um ein Recht handelt, welches vor er Einführung des BGB begründet worden ist.

Erledigt ist eben nicht einfach erledigt.

Fita-Fita – Deutsche Polizei trägt Rock...

Seit der Hissung der deutschen Flagge auf Samoa im Jahr 1900 gibt es die Fita-Fita genannte Polizeitruppe, welche die Interessen der Kolonialherren wahren hilft.[104] Die Truppe trägt weiße Jacken, weiße Mützen und weiße Röcke mit blauen Streifen. In ihr werden vor allem Häuptlingssöhne zum Polizei- und Ordonanzdienst eingesetzt. Sie sollen dadurch am deutschen Wesen genesen, statt sich Gedanken über eigene Interessen machen zu können.

---

[104] hierzu die Artikel „Polizei“ und „Samoa“ im Deutsche Kolonial Lexikon. Bild auf Tafel nach Seite 568.

Der Kaiser zur Jahrhundertwende

Eigentlich nicht zur Jahrhundertwende, jedoch im Jahr 1900 anlässlich der Entsendung deutscher Truppen zur Bekämpfung des Boxeraufstandes in China spricht Kaiser Wilhelm II. die denkwürdigen Worte: „Pardon wird (Euch) nicht gegeben, Gefangene werden nicht gemacht. Führt Eure Waffen so, dass auf tausend Jahre hinaus kein Chinese mehr es wagt, einen Deutschen scheel anzusehen.“[105]

Kaisers Tassen fehlen

An Stelle S.M. des Kaisers war Prinz Friedrich Leopold von Preußen im Jahr 1901 beauftragt worden, namhaften Persönlichkeiten aus den nordischen Ländern, vor allem Vertreter der Kirchen, einen würdigem Empfang zu bereiten.

---

[105] Am 27. Juli 1900 in Bremerhaven anlässlich der Verabschiedung der Truppen des Ostasien-Korps zur Niederschlagung des Boxer-Aufstandes in China. Zitiert nach Johann, S. 90

Hierzu kam ein äußerst seltenes und wertvolles Kaffeeservice zum Einsatz, welches der Prinz als Geschenk des Kaisers von Japan erhalten hatte. Nachdem die hohen Gäste das Schloß verlassen hatten, meldete der entsetzte Haushofmeister dem Prinzenpaar, dass von den zwölf wertvollen Tassen nur noch elf vorhanden waren. Nun soll es auch heute noch Zeitgenossen geben, die einen gelungenen Abend bei hohen Gastgebern dazu nutzen, sich auf wenig legale Weise ein ganz besonderes Andenken zu verschaffen. Da man diesen Verdacht hegte, wurde der Leiter des Geheimen Sicherheitsdienstes des Kaisers, Kriminal-kommissar Gustav Steinhauer, höchstpersönlich mit der Lösung des Falles betraut.

Doch auch dem gewieftem Kriminalisten gelang es nicht, Licht ins Dunkel zu bringen. Dies gelang nach einiger Zeit dem Putzgeschwader des Hohen Hauses: Die Tasse wurde auf einem dreieinhalb Meter hohen Ofen entdeckt – wo sie vom Flügeladjutanten des Kaisers, der durch seine herausragende Größer überall auffiel – nach Gebrauch einfach abgestellt worden war.[106]

„Die Axt ... präsentiert!“

Die Berliner Feuerwehr kann am 22. Mai 1901 mit einem großen Fest im Stil der Zeit ihr fünfzigjähriges Jubiläum feiern. Der Militäroberpfarrer hält die Predigt beim obligatorischen Festgottesdienst, unter den Klängen der Nationalhymne „Heil Dir im Siegerkranz“ präsentieren die Feuerwehrmannschaften ihre Äxte. In Vertretung des Kaisers ist Prinz Friedrich Heinrich zum Jubiläum erschienen, und der preußische Innenminister von Hammerstein überbringt der Feuerwehr das Geschenk des Kaisers „dass auf den Achselstücken und Epauletten der Offiziere und Mannschaften Mein Namenszug unter der königlichen Krone ... angebracht wird.“[107]

---

[106] Steinhauer, S. 129 f.
[107] Herden (2005 I), S. 164

Kaisers Demokratieverständnis...

Die Reichstagswahlen kommentierte 1903 der Kaiser und König völlig zwanglos: „Es ist mir vollständig gleichgültig, ob in dem Reichstagskäfig rote, gelbe oder schwarze Affen herumspringen.“[108]

Deutsche Post in der Türkei

Mit Billigung des osmanisch-türkischen Reiches unterhält das Deutsche Reich auf dessen Gebiet im Jahr 1903 eigene Poststationen, zu denen u.a. Dienststellen in Constantinopel, Beirut und Jerusalem gehören.[109]

Dampfspritze kommt per Sonderzug

In Bad Schmiedeberg brennt 1904 ausgerechnet am Aschermittwoch der Glockenturm der Kirche. Die örtliche Feuerwehr wird durch Hornsignale alarmiert, kann aber gegen das Feuer nichts ausrichten. Die Glocken fallen aus dem Geläut und zerschlagen den Zwischenboden des Kirchturmes.

Um Mitternacht trifft die auf einem Sonderzug von Oberpfarrer Friedrich Hellwig angeforderte Dampfspritze der Berufsfeuerwehr Halle an der Saale ein.[110]

Alt-Neuland – Tel Awiw – Frühlingshügel

Alt-Neuland, in der hebräischen Ausgabe „Tel Awiw“, lautet der Titel eines zionistisch-utopischen Romans aus der Feder von Theodor Herzl, welcher im Jahr 1904 erschien.[111] Theodor Herzl darf für sich in Anspruch nehmen, der Begründer des modernen Zionismus zu sein. Tel Awiw oder el Aviv war die erste, rein jüdische Stadt in Palästina und wurde 1909 als Vorstadt von Jaffa gegründet. Die Stadt ist seit 1921 rechtlich selbständig und zählte bereits 1931 rund 46.000 Einwohner.

---

[108] Telegramm des Kaisers an Reichskanzler von Bülow, nachdem er das Ergebnis der Reichstagswahlen 1903 erfahren hatte. Zitiert nach Johann, S. 15

[109] Kausch, Koloniallexikon, S. 13

[110] Herden (2005 I), S. 166

[111] Philo-Lexikon, S. 22 (Altneuland), S.291 (Herzl, Theodor), und Seite 751 (Tel Awiw)

Zar beschenkt Kaiser mit Gulaschkanone

Der russische Zar macht Kaiser Wilhelm II. 1904 eine Feldküche zum Geschenk. Ein Wettbewerb des Kriegsministeriums zur Herstellung einer Feldküche für das Heer folgt. Otto Magirus ging aus diesem Wettbewerb als klarer Sieger hervor, weil er als einziger ein Glycerinbad für den Kochkessel vorsah: Glycerin kommt nicht zum Sieden und hält die einmal angenommene Temperatur lange vor.[112] Der Weg für die weltberühmte „Gulaschkanone“ war geebnet.

Respekt vor „Kaisers Rock“

In Köpenick, das heute zu Berlin gehört, dringt 1906 der vorbestrafte und stellungslose Schuster Wilhelm Voigt (1849-1922), in einer vom Trödler geliehenen Hauptmannsuniform in das Rathaus ein, und nimmt dort den Bürgermeister sowie den Kassenverwalter fest, um sich der Stadtkasse zu bemächtigen.

Er bediente sich dazu eines Trupps Soldaten, welche er unter Führung eines Gefreiten einfach auf der Straße „dienstverpflichtet“ hatte. So groß war damals noch der Respekt vor der Uniform. Nach der Beschlagnahme entließ Voigt übrigens seine Truppe ganz „offiziersmäßig“, nicht ohne noch großzügig Fahrgeld für die Rückfahrt der Truppe zur Kaserne mit der Straßenbahn, sowie einige Mark für „Würstchen und Bier“ locker zu machen.[113]

Ein findiger Branddirektor

Major der Reserve Reddemann, im Jahr 1907 Branddirektor in Posen, hat eine findige Idee: Man könne ja aus einem Schlauch eine brennbare Flüssigkeit verspritzen, welche beim Austreten aus dem Schlauch entzündet wird.[114] So wird

---

[112] Herden (2005 I), S. 167

[113] statt allem anderen sei hier nur die lohnende Lektüre des „Hauptmanns von Köpenick“ von Carl Zuckmayer empfohlen, erschienen 1931. Das Stück war den Nazis ganz besonders verhasst, nahm es doch die nicht nur wilhelminische Uniformgläubigkeit sehr treffend ins Visier.

[114] Herden (2005 I), S. 182

Reddemann zum ruhmreichen Erfinder des modernen Flammenwerfers....

Bonaparte gründet FBI

Charles Joseph Bonaparte (geboren am 9. Juni 1851 in Baltimore, Maryland und verstorben am 28. Juni 1921 in Bella Vista, Baltimore County, Maryland) war ein Enkel von Jérôme Bonaparte, dem jüngsten Bruder des französischen Kaisers Napoleon I., und Sohn des Jérome Napoleon Bonaparte, der mit der Amerikanerin Susan Mcwilliams verheiratet war.

Bonaparte war nach seinem Jura-Studium in Harvard Anwalt, von 1902 bis 1904 Mitglied der Indianer-Behörde, ab 1905 Marineminister und ab 1906 Justizminister der USA unter Theodore Roosevelt. Bonaparte gründete 1908 das Bureau of Investigation, das spätere FBI. [115]

Konterbande laut Seerechtsdeklaration

Die Londoner Seerechtsdeklaration, obwohl formell nie in Kraft, wird in den Kriegen vor dem ersten Weltkrieg, wie z.B. den Balkankriegen 1912/13, eingehalten. Sie erklärt Waffen und Kriegsmittel zur absoluten Konterbande, d.h. sie unterliegen jeglicher Beschlagnahme durch den Seekriegsgegner.

Kronprinz darf nicht durchs Pestgebiet

In der Mandschurei und in der Mongolei breitet sich 1910 die höchst aggressive und gefährliche Lungenpest aus.[116] Im gleichen Jahr hatte der deutsche Kronprinz von Jaipur aus, wo er sich mit dem Mahradscha angefreundet hatte, nach Hinterindien weiterreisen wollen, was die Engländer mit dem Hinweis ablehnten, in Hinterindien sei die Pest ausgebrochen und man könne nicht dafür die Verantwortung übernehmen, dass der deutsche Kronprinz sich in pestgefährdetes Gebiet begebe.[117]

---

[115] Joseph Bucklin Bishop: Charles Joseph Bonaparte: His Life and Public Services. 1922, sowie Eric F. Goldman: Charles J. Bonaparte: Patrician Reformer, His Earlier Career. 1943.

[116] Herden (2005 I), S. 128

[117] Preußen, Kronprinzessin Cecilie, S.44

Deutsch-Tsingtau isoliert sich...
Das Deutsche Schutzgebiet Tsingtau schließt sich 1911 vom chinesischen Hinterland hermetisch ab,[118] um sich vor der Pestepidemie, die im Vorjahr in der Mandschurei ausgebrochen war, zu schützen.

Kaiser schenkt Elsaß-Lothringen eine Verfassung
Elsaß-Lothringen erhält 1911 eine „Verfassung",[119] welche nunmehr ein Zweikammer-System einführt. Allgemeine und direkte Wahlen gibt es nur für die zweite Kammer. Die Mitglieder der ersten Kammer werden durch das Gesetz bestimmten Körperschaften zugewiesen. Ferner darf der Kaiser weitere Mitglieder in gleicher Zahl benennen...

Titanic sinkt vor Neufundland
In der Nähe von Halifax sinkt am 14./15. April 1912 die „Titanic", das luxuriöseste Schiff seiner Zeit, das als unsinkbar galt, nach einem Zusammenstoß mit einem Eisberg.[120] Die näheren Umstände geben bis heute Legenden und Spekulationen Anlass. Das Schicksal des Schiffes, seiner Mannschaft und seiner Passagiere – es fanden rund 1.500 Menschen bei dieser Katastrophe den Tod – beschäftigt bis heute Filmemacher, Buchautoren und Entdecker.

Des Kaisers Besuch am Aschermittwoch...
Am 05. Februar 1913, es war der Aschermittwoch, [121] wurden die Straßburger durch schmetternde Trompetensignale und rollenden Trommelwirbel aus den Betten aufgeschreckt. Erschreckt, steckte einigen Straßburger doch (auch nicht ganz zu Unrecht) die Kriegsfurcht (noch oder wieder) in den Knochen, erschien man an allen Fenstern, drängte sich vor den Kasernen, dem Generalkommando und dem Gouvernement.

---

[118] Herden 82005 I), S. 176

[119] Reichsgesetz über die Verfassung Elsaß-Lothringens vom 31. Mai 1911

[120] sehr empfehlenswert: Marschall u.a.

[121] vergleiche zum Folgenden: Lahrer Zeitung, Nr. 31 vom Mittwoch, 06. Februar 1913

Der Aschermittwoch war gar gründlich aus seiner Katerstimmung aufgeschreckt, als Ordonanzen durch die Straßen sprengen und Truppen durch die Stadt hasten. Mit der gewöhnlichen Aschermittwochsstille war es endgültig vorbei. Durch ein Extrablatt wurde die Bevölkerung der Stadt informiert: "S.M. der Kaiser wird um 12.00 Uhr in Straßburg erscheinen. Die ganze Garnison hat in feldmarschmäßiger Aufstellung auf dem Polygon anzutreten. Der Statthalter hat sich bereits um 11.00 Uhr dorthin begeben."

Allgemeine Überraschung, allgemeine Geschäftigkeit. War aber nicht noch am gleichen Tage früh in den Zeitungen gemeldet worden, der Kaiser habe sich mit seiner Tochter, der Prinzessin Viktoria Luise, nach Königsberg in Ostpreußen begeben? ... Vorsichtshalber wurde seitens der Behörden die Generaldirektion der Reichseisenbahnen angefragt, welche aber auch nichts von einem Kaiserbesuch wusste. Jedoch bestätigen das Gouvernement und die Polizeidirektion den Besuch seiner Majestät: Ein Telegrammbote hatte dem diensttuenden Leutnant auf der Hauptwache am Kleber-Platz folgendes Telegramm überbracht: „seine majestät der kaiser werden am mittwoch vormittag in straßburg eintreffen stop und höchstdieselben geruhen komma die vollzählig angetretene garnison auf dem polygon zu besichtigen stop jeder urlaub ist aufgehoben."

Der Leutnant versuchte den Kommandierenden General von Fabeck telefonisch zu erreichen, wurde von dessen Adjutanten jedoch ungnädig „auf die Dienstvorschrift" verwiesen. Der Leutnant drückte aufs Knöpfchen „Großer Alarm".[122] Kurz darauf: Auf den ersten, öffentlichen Gebäuden erklimmen die Flaggen die Mastspitzen, die ersten Regimenter ziehen mit klingendem Spiel durch die Stadt.

Ein schier endloser Lindwurm graugrüner Regimentskolonnen beginnt sich durch Straßburg zu wälzen. Auf dem großen Truppenübungsplatz im Süden der Stadt erklingen bereits um 11.00 Uhr die ersten Signale, gegen 12.00 Uhr treffen

[122] hierzu: Meissner (1986), S. 150 f., der den Vorgang aber ins Jahr 1912 verlegt.

die ersten Kolonnen, an ihrer Spitze das 126. württembergische Infanterieregiment, auf dem Polygon ein. Geradezu sommerlich scheint die Sonne dort.

Polizeipräsident von Lautz hat persönlich die Leitung des Sicherheits- und Absperrdienstes übernommen, und sich, wie bemerkt wurde, in „Großer Gala“ an den Ort des Geschehens begeben. Um 2 Uhr Nachmittags holt eine Kompanie des Infanterieregiments 136 mit klingendem Spiel die Fahnen im Generalkommando ab und überführt diese in feierlicher Parade zum Truppenübungsplatz.

Dort sind seit nunmehr fast zweieinhalb Stunden 13 (dreizehn!) Regimenter versammelt: Artillerie, Infanterie, Maschinengewehr-Abteilungen, Kavallerie, Fliegertruppen. Längst erschienen waren auch Kaisersohn Prinz Joachim von Preußen mit seinen Adjutanten, Kaisersohn Prinz August Wilhelm, der kaiserliche Statthalter für Elsass-Lothringen, Graf Wedel, der kommandierende General des 15. Armeekorps, von Fabeck, der Gouverneur von Straßburg, Freiherr von Egloffstein, alle begleitet von ihren Stäben. Am Horizont taucht sogar ein Zeppelin auf. Alle, alle standen in spannungsvoller Erwartung, auf dass Er kommen möge. Und alle, alle kamen, doch der Kaiser bleibt aus...

Telefonische Anfragen in alle Richtungen ergaben bald, dass ganz Straßburg einem Scherz zum Opfer gefallen war. So rollten bald in langer Reihe die Automobile der hohen Militärs, einige von ihnen wohl doch etwas beschämt, wieder der Stadt zu. Um das Beste aus der verfahrenen Situation zu machen, ließ man die Truppen vor Prinz Joachim paradieren. Glücklicherweise war in seiner Gestalt ein verfügbarer Hohenzoller am Platz präsent...

Still und leise wurden die Flaggen von öffentlichen Gebäuden, aber auch zahlreichen Privathäusern, wieder eingeholt. Gerätselt wurde aber um den Verursacher des ganzen Durcheinanders, das doch sehr stark an den 16. Oktober 1906, die Aktion des „Hauptmannes von Köpenick“, erinnerte?

Wer aber war nunmehr der Urheber des Straßburger Debakels? In den Gängen des Landtages soll gerätselt worden sein, dass „ein Verrückter in der Uniform eines Postbeamten“ das

„Telegramm aus Berlin“ an das Gouvernement überbracht habe. Die Rede war von einem entlassenen Vizefeldwebel, welcher damit den Militärentlassungsgrund „Verrücktheit“ habe widerlegen wollen... Später wurde bekannt, dass der Fälscher und Überbringer des Telegramms ein gewisser Wolter gewesen sei, ehemaliger Zahlmeister-Aspirant im Fußartillerieregiment Nr. 8 in Metz. Der „notorische Querulant mit starkem geistigem Defekt“ wurde bald darauf verhaftet. Er war wegen „dienstlicher Verfehlungen“ aus dem Militärdienst entlassen worden.

Wolter kam ebenso glimpflich davon, wie Wilhelm Voigt, welchem als „Hauptmann von Köpenick“ sogar ein Gnadenerweis zugute kam: Er wurde zwar zu sechs Monaten Gefängnis verurteilt, jedoch ebenfalls durch kaiserlichen Gnadenerweis bereits nach drei Tagen wieder auf freien Fuß gesetzt. Wolter hatte übrigens einen menschlichen, und keinen politischen Hintergrund: Durch den falschen Alarm wollte er seine Herzdame an einem Rendezvous mit einem Leutnant hindern, dessen Urlaub durch den Alarm gestrichen war…

Der tapfere Unteroffizier...

Es war 1913 zu nächtlicher Stunde auf dem Straßburger Bahnhofsvorplatz.[123] Ein Unteroffizier auf dem vielleicht etwas späten Heimweg. Einer jener Berliner, den die Wogen der Zeit als Unterbau der kaiserlichen Autorität in die Reichslande Elsass-Lothringen gespült hatten.

Plötzlich wird unser von der Spree an die Ill geschwemmter Unteroffizier von einer hochgewachsenen Person im Offiziersumhang aus seinen Heimwegträumen herausgerissen: „Heh, Sie da, kommen Sie mal her!“. Gelernt ist gelernt: Unser Unteroffizier eilt dienstbeflissen herbei, knallt die Hacken zusammen, „baut sein Männchen“, grüßt zackig nach Dienstvorschrift und erstattet Meldung. Gelernt ist gelernt bei Altpreußens Kommiss.

Aus dem weiten Offiziersumhang schnarrt ihm eine sonore Stimme entgegen: „So, dann laufen Sie mal schnell zur

---

[123] Herden (2007), S. 146

Wache und lassen für mich ein Automobil kommen“, verkündet sein Gegenüber, nicht ohne die Bemerkung hinzuzusetzen, man wolle die Alarmbereitschaft der Garnison prüfen.

Unser treuer Unteroffizier wurde stutzig. War nicht befohlen worden, bei Befehlen unbekannter Vorgesetzter größte Sorgfalt und Vorsicht walten zu lassen. Andererseits: Befehl ist Befehl… So erlaubt sich unser Unteroffizier die Frage: „Und für wen soll ick det Automobil befehlen?“

„Für den Kaiser“, lautete die stramme und selbstsichere Antwort. Kaiser Wilhelm II. war bekannt dafür, unangekündigt mal hier mal da aufzutauchen. Er galt schließlich als der Reisekaiser, immer für eine Überraschung gut. Schon manchmal war er ohne jede Vorwarnung in einer Garnison aufgetaucht, und hatte dadurch, dass er seinen Sonderzug allein verließ, für größte Überraschung gesorgt.

Unserem Unteroffizier waren die Warnung seiner Vorgesetzten in Fleisch und Blut übergegangen. Dass er seinem „Obersten Kriegsherren“ Auge in Auge gegenüberstehen könnte, das kam ihm nicht in den Sinn. Dafür aber ein falscher Hauptmann und ein falscher Postillion. Und so wurde der vermeintliche Kaiser von einem mutigen Unteroffizier verhaftet, am Kragen gepackt und unter die nächstgelegene Gaslaterne gezerrt, wo unser treuer Unteroffizier sich den Jagderfolg seines mutigen Auftretens näher ansehen wollte.

Ob ihn die Tapferkeit verließ? Er erblickte keinen anderen als S.M., Wilhelm II. Deutscher Kaiser, von Gottes Gnaden König von Preußen[124], Markgraf zu Brandenburg, souverainer und oberster Herzog von Schlesien, Großherzog von Niederrhein und Posen, Herzog zu Sachsen, Westfalen und Pommern, zu Lüneburg und Bremen, zu Holstein, Schleswig und Lauenburg, Burggraf zu Nürnberg, Landgraf zu Hessen, Fürst zu Ostfriesland, Osnabrück und Hildesheim, zu Nassau und Fulda, Graf zu Hohenzollern und Herr zu Frankfurt.

---

[124]Herden (2006), S.146 (148) Hier wurde die sogenannte mittlere Titulatur verwendet.

Schwimmen notwendig...

In Leipzig wird 1913 die Deutsche Lebensrettungs-Gesellschaft gegründet. Mit Anlass dafür war ein schweres Unglück auf einer Landungsbrücke, welches im Jahr zuvor in Binz auf Rügen 17 Menschenleben gefordert hatte – weil zu wenige Menschen schwimmen und retten konnten. Kaiser Wilhelm II. soll, so behaupten böse Zungen, die Gründung dieses Hilfswerks mit den Worten kommentiert haben „Schwimmen? Weshalb Schwimmen !? – Wir haben doch Kriegsschiffe!“.

Fez statt Marinekappe

Am 30. August 1913 erließ das (kaiserlich-königliche) „Ministerium für die Angelegenheiten Bosniens und Hercegowinas“ der österreichisch-ungarischen Donaumonarchie, wohl im Einvernehmen mit der Marinesektion des K.u.K. Kriegsministeriums in Wien folgende offizielle Anweisung: „Für Marinepersonen mohammedanischen Glaubens ist als Kopfbedeckung der Fez (statt der Marinekappe für Mannschaften) normiert“. [125]Man nahm es genau und zugleich generös im Vielvölkerstaat.

Majestät und der Fahrstuhl der Generalin..

Ihre Majestät, Kaiserin Auguste Viktoria, gibt 1914 der verwitweten Generalin von Kleist-Retzow die Ehre eines Teebesuches. Als sie sich auf den Heimweg macht, bleibt die Kaiserin zusammen mit dem Kammerdiener ihrer Gastgeberin im Fahrstuhl stecken. So musste die Portiersfrau die Feuerwehr rufen, welche von der Wache Suarezstraße anrückte und die hohe Gefangene befreite. Die Kaiserin soll diesen Zwischenfall eher amüsiert aufgenommen haben.[126]

---

[125] Stern-Braunberg, S. 30
[126] Herden (2005 I), S. 180

Zur Parade in den Lustgarten

Kaiser Wilhelm II. befiehlt „seiner königlichen“ Berliner Feuerwehr, am 13. Februar 1914 zur Parade im „Lustgarten“ zu erscheinen. 48 Fahrzeuge und 500 Beamte paradieren vor seiner Majestät. Zur Demonstration der Leistungsfähigkeit fahren sieben Automobillöschzüge an den Deutschen Dom heran und richten innerhalb kürzester Zeit ihre Drehleitern auf. In schnellstmöglichem Tempo erklimmen die Feuerwehrleute die Leitern, Angriffstrupps stürmen durch das Hauptportal in den Dom.

Pumpen schleudern das Wasser hoch zum Himmel. Alles dies natürlich mit der größten Mühe, die Übung militärisch ganz exakt durchzuführen. Beim Militär galt nämlich im „Fachjargon“ die Bezeichnung „Feuerwehr“ als Schimpfwort für schlechtes Exerzieren.

Der Kaiser erweist der Feuerwehr die Ehre, ihre Formationen höchstpersönlich abzuschreiten. [127]

Der kleine Frieden....

Zu Weihnachten 1914 kommt es an der Westfront zu Verbrüderungen zwischen deutschen, französischen und britischen Frontsoldaten. Die Ereignisse, welche zu heftigen Aktivitäten der jeweiligen Generalität unter dem Stichwort „Hochverrat“ führen, werden in Deutschland totgeschwiegen. Der britische „Daily Mirror“ bringt hingegen sogar ein Bild fraternisierender Deutscher und Briten.[128]

Reddemann bleibt heiß...

Der findige Branddirektor Reddemann, Vater des modernen Flammenwerfers,[129] wird 1915 mit der Führung einer Flammenwerfer-Abteilung beauftragt, aus welcher bald ein Bataillon, später ein Regiment werden sollte. Erfahrung verpflichtet... Und so trat eine der furchtbarsten Waffen des

---

[127] Herden (2005 I), S. 179
[128] Jürgs, insbesondere S. 231
[129] Herden (2005 I), S. 182

Grabenkrieges wieder in die Geschichte. Sie sollte auch bei der Niederschlagung des „Warschauer Ghettoaufstandes“ furchtbaren Einsatz finden. Die SS-Mannschaften benutzten dafür die grausame und zugleich verharmlosende Bezeichnung „Banditen braten“.

Brüderlich teilen...

Ein Sachse könnte König von Polen oder Fürst von Flandern werden, Lothringen könnte bayerisch werden,[130] und vielleicht auch Burgund, Luxemburg und die Niederlande wären ja noch zu haben... Kompensationsgeschäfte und Dynastenklüngel will während des ersten Weltkrieges 1915 Felle verteilen, welche noch gar nicht erlegt sind.

Die Lusitania wird versenkt

Rund 1.200 Menschen, unter ihnen viele Frauen und Kinder, fanden den Tod, als das deutsche U-Boot „U 20“ das amerikanische Passagierschiff „Lusitania“ rund zwölf Meilen vor „Old Head of Kinsale“ versenkt. Die Welt reagiert entsetzt und empört über den Völkerrechtsbruch. Verschwiegen wurde dabei, dass das Schiff mit Waffen und Munition beladen war, zugleich aber zu seinem Schutz nichts unternommen worden ist.[131]

---

130 Machtan, S. 84 ff.
131 umfassend O’Sullivan

Kaiser Wilhelm II. Traum vom Frieden: „Keinen Separatfrieden habt Ihr gewollt? – Gut, dann schreibt mal alle drei zusammen – Ich diktiere!“ (Zur Erläuterung: Britische, französische und russische Uniformträger verneigen sich unterwürfig vor der feldgrauen Majestät des Deutschen Kaisers und Königs von Preußen)

Franz Jüttner (1865-Lindenstadt/Posen – 1926 Wolfenbüttel):
"Ausblick"
Blatt aus der Kriegsnummer (38) der "Lustigen Blätter"
Berlin 1914
Privatarchiv des Verfassers

Des Grafen Luckner Transvestit...

Wer nun glaubt, dem „Seeteufel“ eine Schmuddelstory andichten zu können, irrt. Trotzdem ist das ganze nicht ohne gewisse Komik: Als Graf Luckner 1916 mit seinem „Seeadler“ dem als Segelschiff getarnten, erfolgreichen Hilfskreuzer, von britischer Marine als Blockadebrecher gestoppt und durchsucht wird, präsentiert der Kapitänleutnant dem staunenden britischen Offizier seine Frau. Der als Norweger verkleidete, deutsche Kommandant hatte einfach einen seiner Matrosen in Frauenkleider gesteckt. Zu Damen ist der Brite schließlich freundlich. Der Trick hat wohl funktioniert.[132]

Mopelia – Cäcilieninsel letzte deutsche Kolonie

Nach der Strandung seines Kriegsschiffes, der als Segelschiff getarnten „Seeadler“ 1917 vor der Insel Mopelia ergreift der findige Kapitänleutnant Graf Luckner die Initiative und erobert das Eiland als kleinste und letzte deutsche Kolonie.[133]

Aus Battenberg wird Mountbatten

Philip Mountbatten, Herzog von Edinburgh,[134] geboren 1921, der Ehegatte der britischen Königin Elisabeth II., ist der bekannteste Repräsentant des englischen Zweiges dieses Adelshauses, das 1917 aus politischen Gründen den deutschen Namen Battenberg in den gut englischen Namen „Mountbatten“ verwandelte.

Aus Sachsen-Coburg-Gotha wird Windsor

König Georg V. von Großbritannien und Nordirland gibt seinen angestammten Namen „von Sachsen-Coburg-Gotha“ auf, den das seit 1840 herrschende Königshaus führt. Grund ist die deutsche Abstammung, so dass man seit 1917 den gut englischen Namen „Windsor“[135] führt, nach einer Stammresidenz des Königshauses.

---

[132] Luckner, S.142 f; Frankenstein, S. 52
[133] Luckner S. 179/181,
[134] Brockhaus, Artikel “Philip, Duke of Edinburgh”
[135] Brockhaus, Artikel “Windsor”

Herzogtum Kurland

Im September 1918 erkannte Kaiser Wilhelm II. die Selbstständigkeit der baltischen Länder (unter deutscher Kontrolle) an und am 5. November 1918 wurde das „Herzogtum Kurland" in Riga ausgerufen. Herzog Adolf Friedrich zu Mecklenburg sollte die Krone des neuen „Vereinigten Baltischen Herzogtums" tragen. Bis zu seiner Ankunft sollte er von einem am 9. November 1918 von der Ritterschaft gegründeten 10-köpfigen „Regentschaftsrat" vertreten werden. Es sollte jedoch, wie so vieles, ein königlicher Traum bleiben...

Deutsche Nationalversammlung in Weimar

In Weimar beschließt die Deutsche Nationalversammlung 1919 die Verfassung der ersten, demokratischen Republik auf deutschem Boden. Doch Vorsicht, Zerrissenheit kommt bereits in Artikel 3 zum Ausdruck: „Die Reichsfarben sind schwarz-rot-gold. Die Handelsflagge ist schwarz-weiss-rot mit den Reichsfarben in der oberen, inneren Ecke." Der „Gösch" in dieser Ecke war spätestens im Januar 1933 bis zur Unsichtbarkeit geschrumpft...

Österreichischer Admiral als Staatschef Ungarns

Im März 1920 wählte die ungarische Nationalversammlung, freilich nicht ganz freiwillig, sondern unter massivem Druck, den früheren Oberkommandierenden der österreichischen Marine, Nikolaus Horthy, zum Reichsverweser Ungarns. Er war damit als Staatsoberhaupt Stellvertreter des vertriebenen Kaisers von Österreich und Königs von Ungarn Karl IV. . Zwar beteuerte Horthy stets, als Stellvertreter des Königs zu handeln – verhinderte jedoch auch alle Versuches Karls IV., auf seinen ungarischen Thron zurückzukehren.[136]

---

[136] Brockhaus Bd. 10 (1997), S. 273: Artikel „Horthy, Nikolaus"

Die „Technische Nothilfe“ druckt Geld...

Am 09. November 1923 hatte Hitler in München versucht, zu putschen. Am 11. November kam es in Hamburg zu regelrechten Straßenkämpfen zwischen Kommunisten und der Polizei. Am 15. November hätte mit dem Druck und der Herausgabe der Rentenmark begonnen werden sollen. Die Arbeiterschaft befand sich im Streik, der Notstand war aufgerufen worden. In Berlin ging die „Vollziehende Gewalt“ auf den General der Infanterie von Seeckt über.

In der Reichsdruckerei waren trotz des Streiks die neuen Banknoten zu drucken.[137] Hier waren rund 750 Angehörige der „Technischen Nothilfe“ im Einsatz. Am 16. November 1923 konnte, nach Überwindung technischer Probleme, die erste Auslieferung der Rentenmark erfolgen.

Parteigenosse Nr. 5 fliegt raus...

Der Sohn eines Zollrats im elsässischen Mühlhausen, studierter Naturwissenschaftler und Philosoph, Direktor der botanischen Schulgärten in Straßburg, Oberlehrer in Konstantinopel, Regisseur und Schriftsteller Dr. Artur Dinter wird von Hitler aus der NSDAP ausgeschlossen. Der Gründer der „Deutschen Volkskirche“ und Vater des „Geistchristentums“, Parteigenosse Nr. 5 der NSDAP,[138] der sich selbst als Vollender des Werkes Martin Luthers sah, musste aber nicht aus Gründen der Rücksicht auf die Kirchen die alleinseligmachende Partei bereits am 11. Oktober 1928 wieder verlassen. Er war seinem Führer schlicht zu aufsässig geworden. Immerhin zählte seine „Deutsche Volkskirche“ im Jahr 1936 noch rund 300.000 Mitglieder. Dinter starb 1948 fast vergessen im badischen Offenburg – nicht ohne noch einmal erfolglos versucht zu haben, sein „Geistchristentum“ an den Mann zu bringen.

---

[137] Hampe, S. 75
[138] Bräuninger, S. 61 ff.

Hitler in Neuschwanstein

Der „Führer und Reichskanzler“ nimmt am 12. August 1933 an einer Richard-Wagner-Feier auf Schloss Neuschwanstein teil, und würdigt dabei die Arbeit des bayerischen Königs Ludwigs II. als Bauherr: “Es war der Protest eines Genies gegen die erbärmliche parlamentarische Mittelmäßigkeit“.[139] Dienstbeflissen und servil, wie fast alle deutschen Gemeinden, verleiht die Gemeinde Hohenschwangau Hitler das Ehrenbürgerrecht.

Reichsbischof und Staatsrat

Reichsbischof Müller, ehemaliger Wehrkreispfarrer, Günstling Hitlers und Bischofsimitator der „Deutschen Christen“, dem die „Gleichschaltung“ der Landeskirchen misslang, versank bald nach seiner Ernennung zum Reichsbischof (1933) und preußischen Staatsrat (1933) in Bedeutungslosigkeit.

Goebbels würdigte ihn 1940 in seinem Tagebuch: „Der Reichsbischof Müller hat uns nicht viel Nutzen gebracht“. Müller beging, wie seine weltlichen Herren und Meister, im Jahr 1945 übrigens Selbstmord.

„Auf Wiedersehen, My Dear“

Ihr letztes Konzert auf deutschem Boden geben die weltberühmten „Comedian Harmonists“ im März 1934 in München, obwohl der stellvertretende Gauleiter dies eigentlich hatte verhindern wollen.[140] Da man aber bei einer Absage mit Protesten der Besitzer der bereits veräußerten Konzertkarten rechnete, ließ man die Gruppe nochmals auftreten. Ihre Schuld war, dass dem Ensemble Juden angehörten. Ihnen war die Mitgliedschaft in der sog. „Reichskulturkammer“ verwehrt, weshalb sie in Deutschland auch nicht mehr öffentlich auftreten durften.

---

[139] Bräuninger, S. 308 Fußnote 15
[140] Heusler, S. 214/242

Die Wahl des Abschiedssongs „Auf Wiedersehen, My Dear“, kann deshalb durchaus als hintergründig bezeichnet werden.

Rotkäppchen – NS-Konform

Es war einmal vor vielen Jahren ein deutscher Wald,[141] den der Reichsarbeitsdienst noch nicht gerodet hatte. In diesem Wald lebte einsam und nicht organisiert ein Wolf. An einem schönen Sonntag nun, der Reichsnährstand hatte gerade zum Erntedankfest aufgerufen, ging eine kleines BDM-Mädel (BDM = Bund deutscher Mädel, verballhornt auch: „Bedarfsartikel deutscher Männer“, wohlwollender „Bald deutsche Mutter“) durch den deutschen Forst. Es hatte ein rotes Gau-Traditions-Mützchen auf und wollte seine arische Großmutter besuchen, die in einem Feierabendhaus der Nationalsozialistischen Volkswohlfahrt (NSV) zuhause war. In der Hand trug es ein Körbchen mit einer Pfundspende und einer Flasche Patenwein, gespendet von deutschen Volksgenossen.

Da begegnete ihm der böse Wolf. Er hatte sich durch ein braunes Fell getarnt, so dass man ihn für einen Amtswalter der NSDAP („Na, Suchst Du Auch Pöstchen?“) oder wenigstens einen freundlichen SA-Mann (Sturm-Abteilung, auch „Sauf-Abteilung“ oder „Schläger-Abteilung“) halten konnte. Damit wollte er heimtückisch, nach der Art eines echten Volksschädlings, seine art- und rassefremden Absichten verdecken.

Rotkäppchen dachte auch nichts böses, hatten doch der Ortsgruppenleiter und die Unterbannführerin glaubhaft versichert, dass alle Volksschädlinge im Konzentrationslager sicher untergebracht seien. Sie dachte deshalb, einen treudeutschen und artverwandten Wolf vor sich zu haben.

„Heil, Rotkäppchen“, grüßte der Wolf kurz und deutsch. „Wo gehst Du hin?“

Rotkäppchen antwortete deutsch und aufrecht: “Zu meiner Oma ins Feierabendhaus der NSV!“

---

[141] Märchen sehr frei nach Wohlfromm, S. 45

„So, sagte der Wolf, aber dann bring ihr doch ein paar deutsche Wiesenblumen aus dem deutschen Forst mit, mit denen das „Amt für Schönheit“ der „Deutschen Arbeitsfront“ die Arbeitsplätze im deutschen Forst verschönt hat!“

Rotkäppchen ging sofort daran, ein Erntesträußchen zu pflücken.

Der Wolf aber eilte zum Mütterheim, überlistete den kriegsblinden Blockwart, fraß die Großmutter auf, steckte sich deren Mutterkreuz und Frauenschaftsabzeichen an und legte sich ins Bett.

Da kaum auch schon Rotkäppchen herein und fragte: „Nun, liebe Oma, wie geht es Dir?“ Der Wolf versuchte, die altdeutsche und volksnahe Stimme der Oma nachzumachen: „Ganz gut, mein liebes Kind“.

Rotkäppchen aber fragte: „Warum sprichst Du heute so ganz anders zu mir?“ – „Die Rednerausbildung bei der NS-Frauenschaft heute Vormittag hat mich so angestrengt“, antwortete die Oma.

„Aber Oma, warum hast Du so große Ohren?“ – „Damit ich meiner Pflicht als ehrenamtliche Mitarbeiterin des SD (Sicherheitsdienst der SS) besser nachkommen kann“, antwortete der Wolf freundlich.

„Aber Oma, warum hast du so große Augen?“ - „Damit ich die Wochenschau und die Filme von Leni Riefenstahl besser sehen kann“, antwortete der Wolf freundlich.

„Oma, warum hast Du einen so großen Mund“ – „Du weist doch, dass ich zu den „Deutschen Christen“ gehöre, und regelmäßig bei der „NS-Kulturgemeinde“ bin!“, antwortete der Wolf unverfänglich.

Und bei diesen Worten fraß er das Rotkäppchen, schlief in seiner verantwortungslosen und artfremden Lebensweise sofort ein und schnarchte undeutsch.

Draußen aber ging der Kreisjägermeister vorbei, der schwer an seinem „Goldenen Parteiabzeichen“, seinen Kreisjägermeisterschulterstücken und seinem Hirschfänger trug. Als er so gebückt vorbeischlich, dachte er: „Kann eine urdeutsche Großmutter so rassefremd schnarchen?“

Und er sah nach, sah den artfremden Wolf, erlegte ihn außerhalb der Jagdzeit und ohne Sonderjagdschein für Wölfe, nur so auf eigene, deutsche Verantwortung.

Dann schlitzte er den Bauch auf, und fand die Großmutter und Rotkäppchen lebend. War das eine Freude. Der Wolf wurde dem Reichsnährstand zugewiesen und von einem deutschen Schlachter zu Fleisch im eigenen Saft verarbeitet, der Balg von einem deutschen Kürschner zu warmen Mützen für Kampfflieger der Luftwaffe.

Rotkäppchen aber erhielt das Gauabzeichen des BDM, wurde zur Unterführerin befördert und beglückte bald einen deutschen Mann. Die Oma wurde zur Reichsrednerin der deutschen Frauenschaft berufen, Ehrenmitglied des NS-Kulturbundes und SD-Sonderführerin.

Der Kreisjägermeister aber durfte nicht nur zukünftig an seiner Uniform einen goldgestickten Wolf tragen, sondern wurde auch Mitglied des Kuratoriums des Deutschen Jagdmuseums und durfte als allerhöchste Ehre dem Reichsjägermeister nach jeder Wolfsjagd eine Flasche „Jägermeister“ reichen.

IKRK-Delegierter besucht die Konzentrationslager

Der Delegierte des Internationalen Komitees vom Roten Kreuz, Carl J. Burckhardt, besucht 1935 die Konzentrationslager Lichtenberg, Esterwege und Dachau.[142] In Esterwege beurteilt er den Gesundheitszustand des Friedensnobelpreisträgers Carl von Ossietzky als "hoffnungslos“. In seinem offiziellen, unveröffentlichten Bericht äußerte er sich zwar mehrheitlich sehr kritisch, teilweise auch positiv über seine Eindrücke... In seinen Ausführungen vor dem Internationalen Komitee verurteilt er aber nachdrücklich die harten Lagerbedingungen.

[142] Herden (2005 I), S.219

Schmeling rettet das Wertvollste...

Im Landhaus des Meister-Boxers Max Schmeling schlägt der Blitz ein – und der Champion rettet geistesgegenwärtig seinen wertvollsten Besitz, die Büste des Führers.[143] Schließlich wusste man auch damals bereits, wie Werbung (Propaganda) zu machen sei...

Chef des KPD-Nachrichtendienstes exekutiert

Hans Kippenberger, der ehemalige Chef des militärpolitischen Apparates der KPD, und damit der oberste, kommunistische Nachrichtendienstler in Deutschland, wird 1937 exekutiert – jedoch nicht von den Nationalsozialisten, sondern nach einem Urteil des „Militärkollegiums des Obersten Gerichts der UdSSR“ wegen „Spionage“. Sein Verbrechen bestand darin, sich in den 30-er Jahren offen auf die Seite der Gegner Walter Ulbrichts geschlagen zu haben.[144]

Die Rote Lebensrune

Die Nazis begannen für ihre Organisationen SA, SS und NSKK eigene Sanitätsdienste zu schaffen, völlig unabhängig vom DRK. Lediglich die Ausbildung wurde teilweise vom DRK übernommen, je nach Einzelfall mehr oder weniger freiwillig.

Dies kam auch darin zum Ausdruck, dass die Nazis für ihre medizinischen Dienste der Parteiformationen – z.B. des NSKK - ab November 1937 ein eigenes Symbol einführten – die sog. „Lebensrune“, welche Ärzte in roter Farbe auf einem schwarzen, ovalen Ärmelabzeichen am Unterarm trugen. Zahnärzte und Dentisten trugen das gleiche Symbol auf einem rechteckigen Ärmelabzeichen, Apotheker auf einem dreieckigen Ärmelabzeichen.

Dazu wurde „im Einsatz“ eine weiße Armbinde mit roter „Lebensrune“ getragen, welche bei ärztlichem Personal rot

[143] Herden, (2005 I), S.221

[144] Kaufmann u.a., S. 9

eingefasst war.[145] Das „Rote Kreuz“ war damit parteiamtlich abgeschrieben...

Die „Sanitätsstürme“ von SA, SS, NSKK waren damit komplett. Doch nicht genug: Der Feldscher-Dienst der männlichen Hitler-Jugend bzw. der Gesundheitsdienst des Bundes Deutscher Mädel sollten ein Übriges tun, das DRK als Organisation für die Zukunft zu schwächen.

Steffi Richter als Führers Prinzessin

Der „Führer und Reichskanzler“ steckt Stephanie Prinzessin von Hohenlohe-Waldenburg-Schillingsfürst, geborene Steffi Richter (geschieden seit dem 29. Juli 1920, und Mutter eines Sohnes des Erzherzogs Franz Salvator von Österreich-Toskana) am 10. Juni 1938 das „Goldene Parteiabzeichen“ an. Bereits im Vorjahr war der (mehr, aber eigentlich weniger) uradeligen Prinzessin vom NS-Präsidenten des DRK, dem Herzog von Sachsen-Coburg und Gotha, das „Ehrenkreuz des Deutschen Roten Kreuzes“ verliehen worden.

Was die Prinzessin noch mit dem Roten Kreuz verband, war das große Verdienst, dass der Vater ihres Sohnes, Franz Salvator von Habsburg, Erzherzog von Österreich und königlicher Prinz von Ungarn, während des I. Weltkrieges „Generalinspekteur der Freiwilligen Sanitätspflege der k.u.k. Monarchie“ und „Protektorstellvertreter der österreichischen Gesellschaft des Roten Kreuzes und des Vereins des roten

[145] Angolia, S.126 f.

Kreuzes der heiligen, ungarischen Krone“ war. Prinzessin Stephanie betätigte sich nachhaltig „in Spionage“.[146]

Führers Besuch im Künstlerhaus...

Seinen Besuch im Künstlerhaus in München Anfang Juni 1938 nahm Hitler zum Anlass, die Entfernung der Münchner Hauptsynagoge, eines sehr repräsentativen Gebäudes in der Herzog-Max-Straße, zu verfügen. Wochen vor der Reichskristallnacht beeilte sich die „Hauptstadt der Bewegung“ dem Wunsch ihres Herrn und Meisters nachzukommen, ließ ohne Umschweife das Gebäude zerstörten und abtragen und auf dem Gelände einen Parkplatz einrichten.[147]

Der fürsorgliche „Führer“

Bereits im Jahr 1935 hatte Adolf Hitler für seine Geliebte Eva Braun, welche bekanntlich offiziell nie in Erscheinung treten durfte, in München-Bogenhausen, in der Wasserstraße 12, ein zehn Jahre zuvor erbautes Einfamilienhaus erworben – eines aus einem Komplex von sechs völlig gleichen Häusern.[148]

Er ließ dieses Haus im Sommer 1938 umbauen, und fügte dabei in den Keller einen Luftschutzraum ein, welcher mit allem Komfort ausgestattet wurde. Es gab dort Ventilatoren, eine Luftdruckpumpe und eine Panzertür, welche auf einen unterirdischen Gang aus Eisenbeton führte, der im Garten endete. Die Pläne für die Anlage waren eigenhändige Entwürfe Hitlers.

Der Minister will kein „Goldenes Parteiabzeichen“

Adolf Hitler, Führer und Reichskanzler, will 1937 zum Tag der Machtergreifung der „braunen Bewegung“ die noch nicht in die Reihen der allein selig machenden Partei aufgenommenen Mitglieder der Reichsregierung durch ein besonderes Präsent beglücken: Aufnahme in die NSDAP und Verleihung des „Goldenen Parteiabzeichens“. Der Reichspost- und

146 Schad, S. 15,19 und 57 ff
[147] Heusler, S. 243
[148] Herden (2005 I), S. 230

Verkehrsminister Paul Freiherr von Eltz-Rübenach lehnt die hohe Ehre ab und bittet zugleich um seine Entlassung als Minister.[149]

Keiner wusste was davon...

Die propagandistische Hetze gegen deutsche Mitbürger jüdischen Glaubens kann eigentlich niemand entgangen sein. Bereits im Sommer 1938 ordneten die Kommunalbehörden in München und Nürnberg den Abbruch der Hauptsynagogen an.[150]

Anlässlich der Pogromnacht (09. auf 10. November 1938), in der es massenweise und wohlorganisiert zu Zerstörungen, Gewalttaten und Morden gegen jüdische Mitbürger kam, gab das Reichspropagandaministerium folgende „Sprachregelung" amtlich heraus: „Hier und dort seien Fensterscheiben zertrümmert worden, Synagogen hätten sich selbst entzündet oder seien sonstwie in Flammen aufgegangen." Die Berichte sollten „nicht allzu groß aufgemacht werden, ... Vorläufig keine Bilder bringen."[151] Nicht dass man sich geschämt hat, aber die furchtbare Wirkung der Wahrheit im Ausland...

Rauchverbot des Reichsschatzmeisters

„Der Führer hat angeordnet, dass das von mir für meine Dienststellen bereits erlassene Rauchverbot erweitert wird. Ich gebe daher bekannt, dass in sämtlichen Dienststellen der Nationalsozialistischen Deutschen Arbeiterpartei, ihrer Gliederungen und angeschlossenen Verbände das Rauchen verboten ist." Anordnung Nr. 30/39 vom 29. April 1939 des Reichsschatzmeisters der NSDAP.[152] Das ging damals ohne jede große Diskussion...

Zwei neue, deutsche Feiertage...

Das deutsche Volk und die Völker der Welt wussten sehr wohl, was im Machtbereich der Nationalsozialisten den Menschen angetan wurde, nicht umsonst kursierte in Deutschland

---

[149] Klee, Artikel „Eltz-Rübenach, Paul Freiherr von", S. 134
[150] Longerich, S. 114
[151] Longerich S. 125
[152] Wohlfromm, S. 157

folgender Flüster-Witz: Der „Führer und Reichskanzler“ habe den christlichen Kirchen, ganz gegen deren Willen, zwei neue Feiertage beschert: Mariä Denunziata und Maria Haussuchung, welche sich vor allem in sonst weniger christlichen Kreisen größter Beliebtheit erfreuen würden…

Das Postamt am Heveliusplatz

Mit der Beschießung der Westerplatte vor Danzig durch das Schulschiff „Schleswig-Holstein“ eröffnen deutsche Truppen den Weltbrand des II. Weltkrieges. Am Heveliusplatz ereignet sich eine weitere Tragödie: Die Postboten der polnischen Post verteidigen ihr Postamt. Die Verteidiger werden später von einem deutschen Feldrichter zum Tode verurteilt und erschossen. Der Postbote Franz Krause, nunmehr Francisek Krauze, findet nach dem II. Weltkrieg erinnernde Verewigung auf einer Bronzeplatte.[153]

Hierauf hätte der Familienmensch sicher gerne verzichtet, wenn man ihn nur am Leben gelassen hätte...

Deutsche Flieger bombardieren Freiburg

In der irrigen Annahme, es handle sich um die französische Stadt Dôle-Tavaux bombardieren deutsche Flugzeuge, welche sich über dem Schwarzwald verirrt haben, im Mai 1940 die Breisgaustadt Freiburg. 45 Bomben, darunter sechs 50-Kilo-Bomben fallen auf die Stadt, fordern 57 Todesopfer und über 100 Verletzte.

Um den peinlichen Zwischenfall zu vertuschen, erklärt die deutsche Propaganda sofort, dass der gemeine, französische Angriff auf deutsche Kinder vielfach vergolten werden solle.[154]

Bedrückende Wahrheit eines Philosophen...

Der von den Nazis seines Lehrstuhles enthobene und verfolgte Professor Dr. Victor Klemperer, der bekannte deutsch-jüdische Literaturwissenschaftler, Philosoph und Autor bemerkte

---

[153] Grass, S. 15 ff (17)

[154] Müller, S. 58, sowie Herden (2005 I), S. 244 und Herden (1990), S. 509

in treffender Weise „Ich glaube, wo künftig das Wort Konzentrationslager fallen wird, da wird man an Hitlerdeutschland denken, und nur an Hitlerdeutschland…“[155] und stellte dazu später treffend fest „…dass ein umnebelter, der Krankheit und dem Verbrechen nahestehender Geisteszustand durch zwölf Jahre als höchste Tugend galt.“[156]

Straßburger Münster deutsches Nationalheiligtum

Während der deutschen (Zwangs-)Verwaltung 1940-1945 hielt sich hartnäckig das Gerücht, das Straßburger Münster solle an die evangelische Kirche übergeben werden.[157] Wohl nicht an die evangelische Kirche, sondern an die nazitreuen „Deutschen Christen“, die davon träumten, in Straßburg die Bischofskirche für ihren nicht von der Bekenntniskirche anerkannten „Reichsbischof“, den im Volksmund „Reibi“ genannten früheren Wehrkreispfarrer Müller zu finden.

Reichsstatthalter Robert Wagner – auch Chef der Zivilverwaltung im Elsass und als solcher für die Judendeportationen maßgeblich verantwortlich - wollte sogar noch weiter gehen:

„Das Münster ist nach meiner Meinung ein Heiligtum der gesamten deutschen Nation, das von keiner Konfession beansprucht werden kann.

Ich schlage deshalb vor, dass das Reich das Münster übernimmt. Über die Verwendung des Münsters bin ich mir abschließend nicht klar. M.E. aber sollte das Münster künftig dem deutschen Soldaten gewidmet sein, der in vielen Jahrhunderten eines opferreichen Kampfes zwischen Deutschland und Frankreich doch den Sieg davongetragen hat. Vorläufig ist nach dem Befehl des Führers das Münster allen kirchlichen Handlungen entzogen.“[158]

Dieser Position des Gauleiters vom Juli 1940 hielt das Reichsinnenministerium in einer Stellungnahme an die

[155] Klemperer, LTI S. 52
[156] Klemperer, LTI, S. 83
[157] Herden (1990), S. 511
[158] Heiber / Heiber, S. 218 Nr. 326

Reichskanzlei vom August des gleichen Jahres dann entgegen: „Über die Verwendung des Straßburger Münsters eine endgültige und ausdrückliche Entscheidung zu treffen, ist im gegenwärtigen Augenblick m.E. nicht ratsam. Die Verhältnisse im Elsass sind zur Zeit noch zu sehr im Fluss, die Einwohner von Straßburg zu einem großen Teil noch nicht zurückgekehrt.

Die erste Ausrichtung der elsässischen Bevölkerung auf den Nationalsozialismus und das Großdeutsche Reich hat gerade erst begonnen.

Wenn in diesem Zeitpunkt öffentlich verkündet wird, das Straßburger Münster sei zum Nationalheiligtum des deutschen Volkes erklärt oder in eine protestantische Kirche umgewandelt worden, so wird diese Feststellung bei dem zu ¾ katholischen und bisher streng kirchlichen Elsass weittragende Folgen für die künftige Entwicklung haben können.

Dabei ist nicht zu verkennen, dass nach der Auffassung der elsässischen Bevölkerung ein Teil der katholischen Priesterschaft gegen die von Paris betriebene Verwelschung erheblichen Widerstand geleistet hat. Es würde daher im Elsass schwer verständlich sein, wenn als eine der ersten Maßnahmen die ausdrückliche Überführung des Straßburger Münsters in einen anderen als kirchlichen Zweck oder in protestantische Hände stattfindet."

Namenswechsel obligatorisch

Das Hin- und Hergerissensein der Elsässer zwischen den deutschen und französischen Staatsmächten, die eigentlich in der Vergangenheit nie nach dem Willen der Bürger gefragt hatten, sondern stets nach den jeweiligen, nationalen Interessen entschieden haben, lässt in überspitzter Form folgende Anekdote deutlich werden.[159]

Als die deutschen Truppen 1870 das Elsass besetzten, musste sich „Monsieur Lagarde" zwangsgermanisiert „Herr Wache" nennen. Gefragt wurde er dabei nicht, es war ja zu seinem Besten... Als die Franzosen wiederkamen, wurde der

[159] Herden (2006), S. 151 , m.w.N.

Name wieder frankophon, und er hieß fortan „Monsieur Vache“. Auch das ausschließlich zu seinem Besten. Die Deutschen übersetzen bei der nächsten Zwangsgermanisierung wieder wörtlich, und heraus kam „Herr Kuh“. Auch das natürlich nur zum Wohle von (ganz ursprünglich) Monsieur Lagarde.

Der demonstrierte aber nunmehr heftig, denn er befürchtete beim nächsten Wechsel frankophon „Monsieur Cul“ genannt zu werden, was bei wörtlicher Übersetzung ins deutsche der vulgären Bezeichnung für „Hintern“ entsprechen würde…

Die Deutschen haben dann übrigens 1940 wieder gnadenlos übersetzt, Rechtsgrundlage war die „Dritte Anordnung des Chefs der Zivilverwaltung im Elsass, zur Wiedereinführung der Muttersprache vom 16. August 1940“, Amtsdeutsch genau unter der Überschrift: Änderung französischer Vor- und Familiennamen. Den Begriff „NSDAP“ umschrieben die Elsässer übrigens wie folgt: „Nous sommes des Allemands provisoires“…

Schi oder Ski oder Schi

Bei der SS und „Deutschen Polizei“ hieß es laut einer Anordnung Himmlers ab dem 22. Dezember 1941 „Ski“ und in der Mehrzahl „Skier“. Im Auftrag Hitlers teilte Bormann dann im Januar 1942 mit, dass es „Schi“ heißen müsse. Fremdworte seien zu schreiben, wie sie gesprochen werden.[160] Deshalb also die Katastrofe mit der Katastrophe?....

Blaue Fenster angriffssicher...

Nachdem irgendjemand – kluge Leute behaupten, der GRÖFAZ selbst – glaubte, blaues Licht sei durch Flugzeuge nicht auszumachen, erhielten die Fensterscheiben von Bussen und Bahnen im Jahr 1941 einen durchsichtigen, blauen Farbanstrich.[161]

---

[160] Wohlfromm, S. 259/260
[161] Wohlfromm, S. 259

Der Jurist als furchtbarer Unmensch

Das geschlagene Polen war als „Generalgouvernement für die besetzten polnischen Gebiete“ der Verwaltung – besser Ausbeutung - des Reichsministers und Generalgouverneurs Hans Frank unterstellt worden. Der im Jahre 1900 in Karlsruhe geborene Jurist Frank war 1928 Gründer des späteren NS-Rechtswahrerbundes, seit 1930 MdR, und zugleich Leiter des Reichsrechtsamtes der NSDAP.

Seit Dezember 1934 Reichsminister ohne Geschäftsbereich und seit dem 25. Oktober 1939 Generalgouverneur im besetzen Polen, äußerste er sich im August 1942 auf einer Großkundgebung der NSDAP in Lemberg: „ Es soll doch in dieser Stadt einmal Tausende und Abertausende von diesen Plattfußindianern gegeben haben – es war keiner mehr zu sehen. Ihr werdet doch am Ende mit denen nicht böse umgegangen sein?“ – Die Menge quittierte diese menschenverachtende, antijüdische Bemerkung angeblich mit „großer Heiterkeit“.[162]

Hans Frank sollte nicht der einzige Jurist seiner Zeit sein, der Rechtschaffenheit und Menschlichkeit skrupellos auf dem Altar des Egoismus opferte.

Im Gebiet des Generalgouvernements wurde bereits am 23. November 1939 durch den Generalgouverneur Frank eine Verordnung erlassen, durch welche alle Jüdinnen und Juden gezwungen wurden, am rechten Arm eine weiße Armbinde mit blauem Davidstern zu tragen.[163]

[162] Klee, Artikel „Frank, Hans“, S. 160
[163] hierzu Hosenfeld, S. 1034 Fn. 48

Nationalistische Inder in deutscher Uniform

Die deutsche Wehrmacht beginnt 1941 mit dem Aufbau der „Legion freies Indien". Sie soll später, so die Absicht, als Teil der Indian National Army unter der nominellen Führung von Subhas Chandra Bose (welcher 1941 nach Deutschland floh) sowohl auf Seite der Achsenmächte kämpfen, als auch Indien von britischer Kolonialherrschaft befreien.[164] Als Ärmelabzeichen führen sie die Nationalfarben Indiens mit einem springenden Tiger.

Die Fliege im Führerhauptquartier...

SS-Obersturmbannführer Fritz Darges, der sich auch als Kommandeur der 5. SS-Panzerdivision Viking hervortun sollte, nahm als „Adjutant des Führers" erheitert vom „Luftangriff" einer Stechmücke auf seinen Chef im Führerhauptquartier

[164] hierzu umfassend und grundlegend Hartog, insbesondere S. 168

„Wolfsschanze" beim damals ostpreußischen Rastenburg Kenntnis – er hätte seine Erheiterung besser zurückhalten sollen. Hitler kommentierte den Humor hartherzig: „Wenn Sie nicht einmal in der Lage sind, mir ein solches Vieh vom Leibe zu halten, haben Sie in meinem Stab nichts verloren!" Wegen einer Fliege an die Front versetzt...[165]

Der Generalluftzeugmeister...

Im November 1941 erschießt sich im Reichsluftfahrtministerium in Berlin der Generaloberst der Luftwaffe und Generalluftzeugmeister Ernst Udet, der den Realitätsverlust der militärischen Führung des III. Reiches – es währte glücklicherweise statt tausend Jahren nur ein Dutzend Jahre – nicht mehr ertragen konnte. Hitler ordnet ein Staatsbegräbnis an, Göring hält selbstergriffen die Trauerrede.[166] Das Suicid wird vertuscht: Udet ist offiziell bei der Erprobung eines neuen Flugzeuges gefallen...

Berliner Mietskasernen in der Wüste von Utah

Die wissenschaftliche Perfektionierung der Tötungstechniken des Luftkrieges wird 1943 weiter vorangetrieben.[167] Der aus Deutschland emigrierte Star-Architekt Erich Mendelsohn wird beauftragt, in der Wüste von Utah Berliner Mietskasernen samt Mobiliar und Gardinen aufzubauen, um deren Entflammbarkeit zu testen.[168]

„Der Reichsmarschall führt!"

Hermann Göring, Hitlers strahlender Palladin, Reichsmarschall, einziger Träger des Großkreuzes zum Eisernen Kreuz, erkennt im April 1943 die Gefahr, welche durch eine Gruppe einfliegender, feindlicher Bomber dem Reichsgebiet droht und übernimmt selbst die Führung des Einsatzes. Hermann

---

165 Misch, S. 133
166 Lange, S. 122 f.
167 Herden (2005 I), S. 255
168 Burgdorff / Habbe, S. 32

Göring gelingt es erfolgreich – zehn deutsche Bomber abzuschießen.[169]

In der Krypta ertränkt...

Der SS-Gruppenführer und General der Waffen-SS Karl von Treuenfeld ordnet an, die in die Krypta der Kirche „St. Cyrill und Methodius“ in Prag geflohenen Heydrich-Attentäter durch Fluten der Krypta zu ertränken.[170] Die herbeibefohlene tschechische Feuerwehr bemüht sich in innerer Verzweiflung, äußerlich diensteifrig und doch zielgerichtet erfolglos ans Werk zu gehen.

Reisen ins Generalgouvernement

Im besetzen Polen war der „Reichsminister ohne Geschäftsbereich“ Hans Frank zur Würde des Generalgouverneurs aufgestiegen. In der Bevölkerung wurde dies mit einem bekannten Flüsterwitz so charakterisiert: „Im West liegt Frankreich, im Osten wird Frank reich“.

Das Generalgouvernement war als „Nebenland“ des Deutschen Reiches von diesem durch eine Polizei-, Zoll- und Devisengrenze getrennt. Zur Einreise war daher auch für Deutsche neben einem amtlichen Lichtbildausweis wie Reisepass oder Kennkarte noch ein Durchlassschein erforderlich.[171]

In den Städten kam man laut „Baedeker“ (1943) im Verkehr auch mit der nichtdeutschen Bevölkerung überall mit der deutschen Sprache aus „und wird als Deutscher nur dann polnisch oder ukrainisch sprechen, wenn es unbedingt erforderlich ist.“ Auf dem Lande führe man ein polnisches oder ukrainisches Taschenwörterbuch mit sich, um sich notdürftig verständlich zu machen.[172]

Die im Gebiet des Generalgouvernements gelegenen Teil der ehemaligen Polnischen Staatsbahn bildeten die deutsche sog. „Ostbahn“: Die Betriebsführung dieser Ostbahn wurde in den

---

[169] Lange, S. 164 f.
[170] Haasis, S. 139 ff. (150)
[171] Baedeker, S. IX
[172] Baedeker, S. XI

leitenden Positionen von Deutschen wahrgenommen, die Bahnhofsvorsteher der größeren und mittleren Bahnhöfe waren deutsche Bahnbeamte. Ansonsten wurde polnisches oder ukrainisches Personal eingesetzt. „Für deutsche Fahrgäste sind besondere Fahrkartenschalter, Warteräume, Sperren und Eisenbahnwagen vorhanden.“[173]

Für den Postverkehr war die „Deutsche Post Osten“ zuständig, deren Leitungsfunktionen ebenfalls Deutschen vorbehalten waren. Kleinere Poststellen verblieben in einheimischen Händen. Daneben bestand eine „Deutsche Dienstpost“: „Die Gegebenheiten des Landes haben die Einführung einer besonderen Dienstpost erforderlich gemacht, die nur durch deutsche Hände geht. Die Dienstpost wird nicht zugestellt“. Im Postomnibusdienst wurden „bei Andrang Deutsche bevorzugt befördert.“[174]

Zum Straßenwesen: „Tankstellen, gut eingerichtete Reparaturwerkstätten und Garagen sind wesentlich seltener als im Altreich.“ Die Mitnahme von Reservekanistern und Ersatzteilen wurde deshalb ausdrücklich empfohlen, ferner: „Da infolge des starken Pferdefuhrwerksverkehrs Reifenpannen durch Nägel außerordentlich häufig sind, empfiehlt sich die Mitnahme mehrerer Reservereifen und Schläuche sowie von Flickzeug und einer guten Luftpumpe. Auf längeren, einsamen Strecken sowie bei Nachtfahrten ist z.B. auch die Mitnahme einer Waffe ratsam.“[175] Die deutschen Besatzer mussten wohl äußerst beliebt gewesen sein...

Südtiroler auf die Krim

Die Südtiroler sinnvoll für das Reich gewinnen, ohne Italien als Verbündeten zu schädigen oder zu brüskieren: Die Nazi-Ideologen wollten das Problem ganz einfach dadurch lösen, dass man die Südtiroler geschlossen auf die Krim umsiedeln wollte. So zumindest eine Denkschrift vom Juli 1943 des

[173] Baedeker, S. XIII
[174] Baedeker, S. XIV f.
[175] Baedeker, S. XV f.

Generalkommissars Krim und früheren Gauleiters von Wien, Alfred E. Frauenfeld.[176]

Erste Nationale Russische Division

Unter dem General Holmston (in Wirklichkeit: Boris Arthur Graf von Smyslowsky, ehemaliger Offizier der kaiserlich russischen Garde), wird 1944 die „Erste Nationale Russische Division“ gebildet, welche auf deutsche Seite kämpft, sich aber bewusst der Wlassow-Armee genannten, nazi-orientierten Truppe nicht anschließen will. Die Reste der „ersten Nationalen Russischen Division“ suchen bei Kriegsende Schutz und finden Asyl im Fürstentum Liechtenstein.[177]

Sir Churchill an Marschall Stalin

Im Juli 1944 hatten sowjetische Seestreitkräfte vor Kronstadt das deutsche U-Boot U 250 versenkt. 46 deutsche Seeleute kamen ums Leben, sechs, unter ihnen der Kommandant Kapitänleutnant Werner Karl Schmidt, überlebten. Churchill interessierte sich brennend für das im September 1944 ins Trockendock geschleppte Wrack - weil es neuartige, akustische Torpedos vom Typ T 5 enthielt, deren die Briten bisher nicht habhaft geworden waren. Stalin gestattete, wohl halbwegs zähneknirschend, seinen Verbündeten einen Inspektionsbesuch vor Ort.[178]

„Deutscher Volkssturm“

Im gesamten Reichsgebiet werden in der Nacht vom 18. zum 19. Oktober 1944 Plakate[179] zur Verkündung des „Deutschen Volkssturmes“ angeschlagen. In schwarzer Schrift auf rotem Papier (wie sonst oft bei der Verkündung von Todesurteilen) wird der „Erlass des Führers über die Bildung des Deutschen Volkssturms“ bekannt gemacht. Die Angehörigen dieser letzten Reserve des Großdeutschen Reiches – halbe Kinder und alte

---

176 Bräuninger, S. 252
177 Vogelsang
178 Karschawin, umfassend und mit zahlreichen Nachweisen
179 Seidler, S. 269

Männer - sehen meist einem ungewissen und tragischen, leidvollen Schicksal entgegen.

Sigmaringen Hauptstadt Frankreichs

Schloss Sigmaringen, das man den Fürsten von Hohenzollern einfach wegbeschlagnahmt hatte, beherbergte von Oktober 1944 bis zur Kapitulation 1945 die – aus deutscher Sicht – reguläre, französische Regierung Pétain, die auf der Flucht vor den Alliierten und Franzosen dort untergebracht wurde. Es gab dort sogar eine offizielle, deutsche Botschaft bei der französischen Regierung.[180]

Eiserner Vorhang

Der Begriff des „Eisernen Vorhanges“ kommt aus der Theaterwelt und bezeichnet dort den Brandschutzvorhang zwischen Bühne und Zuschauerraum. Großen Einzug in die Politik fand er jedoch nicht erst durch die Mauer und ihre Sperranlagen an der deutsch-deutschen Grenze – zugleich Grenze zwischen NATO und Warschauer Pakt, sondern bereits im II. Weltkrieg: Propagandaminister Joseph Goebbels brachte den Begriff in einem Artikel in der Zeitschrift „Das Reich“ vom 25. Februar 1945 ins Bewusstsein[181], Winston Churchill folgte kurz darauf im englischen Sprachraum. Der Begriff wurde jedoch bereits 1918 von dem russischen Autor Wassili Rosanow in seinem Buch „Die Apokalypse unserer Zeit“ erwähnt.

Die Mitgliederkartei der NSDAP

Bei Direktor Hanns Huber, dem Chef der „Papier-, Pappen- und Wellpappenfabrik Josef Wirth“ im Münchner Vorort Freimann, erscheint am 15. April 1945 ein hoher Parteifunktionär der NSDAP und kündigt die Lieferung einer großen Menge Papier an, die „sofort zu vernichten“ sei.[182] Drei Tage dauert es – dann rollen über neun Tage verteilt nicht weniger als zwanzig

[180] Bräuninger, S. 350, FN. 38
[181] Bräuninger, S. 256
[182] Schoeller, S. 19

Lastzüge mit Anhängern an. Zwei Tage vor dem Einmarsch der Amerikaner kamen die letzten Lieferungen: 65.000 Kilogramm Papier – die acht Millionen Karten umfassende Mitgliedskartei der NSDAP. Die Karteikarten enthalten ein Lichtbild jedes Mitgliedes, das Datum der Abmeldung, den Tag der Aufnahme etc. Rotumrandete Karten kennzeichneten die „Nichtvertrauenswürdigen" unter den Parteigenossen. Hanns Huber, selbst nie Mitglied der NSDAP gewesen, übergab die Kartei den Amerikanern und rettete so ein unwiederbringliches Zeitdokument – wobei es sicher acht Millionen Deutschen lieber gewesen wäre, die Kartei wäre rechtzeitig in der Papiermühle verschwunden.

Jerôme Napoleon Bonaparte fällt...

Als letzter Sproß der amerikanischen Bonapartes und Sohn des Marine- und Justizministers der USA, Charles Joseph Bonaparte, wurde Jerôme Napoleon Bonaparte 1878 geboren. Der Urenkel des Königs von Westfalen starb im Jahr 1945. Er war im New Yorker Central Park über die Leine des Hundes seiner Frau gefallen und erlag den Verletzungen, welche er sich dabei zugezogen hatte.[183]

Kriegsdienstverweigerung als Regelfall

„Im Vertrauen auf Gott hat sich das Badische Volk, als Treuhänder der alten, badischen Überlieferung, ... folgende Verfassung gegeben:" (1947) – „Artikel 3: Kein badischer Staatsbürger darf zur Leistung militärischer Dienste gezwungen werden."

Englische Bigamie

Bis zum Jahre 1948, dem Erlass der Criminal Justice Act (dort: Clause 30), hatten die Mitglieder des Oberhauses des Vereinigten Königreiches von Großbritannien und Nordirland in Strafsachen das Vorrecht, nur von ihresgleichen verurteilt zu werden: Entweder, während der Sitzungsperiode, durch das

[183] Brockhaus (1996), S. 64

versammelte Oberhaus, oder außerhalb der Sitzungsperiode durch ein besonderes Gericht, dem nur Richter aus dem Oberhaus angehörten. Von diesem Recht machte z.B. im Jahr 1935 der 26. Baron de Clifford, Edward Southwell Russel, Gebrauch, als er wegen eines tödlichen Verkehrsunfalls angeklagt war. Es sollte dies das letzte Verfahren in dieser Form sein.[184]

Die Trennung der Gerichtsbarkeit zwischen „Gemeinen“ und „Lords“ führte noch zu einem besonderen Kuriosum: Eine Frau, welche zwei mal verheiratet war, konnte nicht wegen Bigamie belangt werden, wenn die erste Ehe mit einem „Gemeinen“, die zweite Ehe mit einem „Lord“ geschlossen war. Hätte sie das Oberhaus wegen Bigamie verurteilt, hätte es den Bestand der ersten Ehe anerkannt – dann aber wäre das Oberhaus als Gericht unzuständig gewesen, weil die Frau vor ein Gericht der Krone hätte zitiert werden müssen. Wäre sie aber von einem Gericht der Krone angeklagt und für schuldig erkannt worden – so wäre das Gericht der Krone nicht zuständig gewesen, weil die Frau durch die zweite Ehe den Gerichtsstand des Oberhauses erlangt gehabt hätte.

[184] Cawthrone, S 241 f.

Literaturverzeichnis

Alexander, Manfred: Kleine Geschichte Polens. Phillip Reclam Verlag Stuttgart 2003. Zitiert: Alexander

Alte Pflichten: Die Alten Pflichten von 1723. In neuer Übersetzung, Bauhütten-Verlag GmbH, Hamburg 1982, zitiert: Alte Pflichten

Angolia, John R.: In the Service of the Reich. Diplomatic and Government Officials / German Red Cross. Bender Publishing, San Jose, California, USA 1995, zitiert: Angolia

Baedeker, Karl: Baedekers Generalgouvernement. Reisehandbuch im Verlag Karl Baedeker Leipzig 1943, (einzige Auflage) zitiert: Baedeker

Basch-Ritter, Renate: Die Weltumsegelung der Novara 1857-1859, ADEVA-Verlag Graz 2008, zitiert: Basch-Ritter

Borchardt-Wenzel, Anette: Karl Friedrich von Baden – Mensch und Legende. Casimir Katz Verlag Gernsbach 2006, zitiert: Borchardt-Wenzel (2006)

Bräuninger, Werner: Hitlers Kontrahenten in der NSDAP 1921-1945. F.A. Herbig Verlagsbuchhandlung München 2004. zitiert: Bräuninger

Brockhaus: Was so nicht im Lexikon steht. Kurioses und Schlaues aus allen Wissensgebieten. Verlag F.A. Brockhaus Leipzig und Mannheim 1996, zitiert: Brockhaus (1996)

Brockhaus-Enzyklopädie in 24 Bänden, 20. Auflage, F.A. Brockhaus Verlag, Leipzig und Mannheim, zitiert: Brockhaus

Deutsches Koloniallexikon, Herausgegeben von Dr. Heinrich Schnee, Gouverneur; Verlag Quelle und Meyer in Leipzig, 1. Auflage 1920

Effenberger, Gustav: Die Welt in Flammen. Eine Geschichte der großen und interessanten Brände aller Jahrhunderte. Rechts-, Staats- und Sozialwissenschaftlicher Verlag Hannover 1913, zitiert: Effenberger

Faller, Joachim: Das Freiburger Krematorium und seine Vorgeschichte. In: Freiburger Diözesan-Srchjiv 120.2000 (3. Folge, 52. Band), S. 249-260, zitiert: Faller

Fischer, Albert: Daniel Specklin 1536-1589 – Festungsbaumeister, Ingenieur und Kartograph. Jan Thorbecke Verlag, Sigmaringen 1996, zitiert: Fischer

Frankenstein, Norbert von: „Seeteufel“ Felix Graf Luckner –Wahrheit und Legende, DSV-Verlag Hamburg, 1. Auflage 1997, zitiert: Frankenstein

Geiss Immanuel (Hrsg.): Chronik des 19. Jahrhunderts, Harenberg-Verlag Dortmund 1993, zitiert: Geiss

Grass, Günter: Beim Häuten der Zwiebel. Büchergilde Gutenberg Frankfurt 2006 / Steidel-Verlag Göttingen 2006, zitiert: Grass

Güstrow, Dietrich: Tödlicher Alltag - Strafverteidiger im Dritten Reich, Severin und Siedler Verlag, ohne Ort, ohne Jahr, zitiert: Güstrow

Hartog, Rudolf: Im Zeichen des Tigers – Die indische Legion auf deutscher Seite 1941-1945. Busse und Seewald Verlag Herford 1991, zitiert: Hartog

Haasis, Hellmut G.: Tod in Prag - Das Attentat auf Reinhard Heydrich, Rowolth Verlag, Reinbeck bei Hamburg, 1. Auflage März 2002, zitiert: Haasis

Hampe, Erich: ... als alles in Scherben fiel – Erinnerungen des Generalmajors a.D., ehemaligen Generals der Technischen Truppen und Präsidenten des Bundesanstalt für Zivilen Luftschutz, Biblio Verlag Osnabrück 1979, zitiert: Hampe

Herden, Ralf Bernd: Meldungen aus dem Reich – Meldungen aus Baden. In: Die Ortenau 70.1990, Seite 504-527, zitiert: Herden (1990)

Herden, Ralf Bernd: Roter Hahn und Rotes Kreuz. Chronik der Geschichte des Feuerlösch- und Rett-ungswesens. BoD Norderstedt 2005, zitiert Herden (2005 I)

Herden, Ralf Bernd: Bad Rippoldsau und die Badische Konsensunion. In: Die Ortenau 85.2005, Seite 135-142, zitiert: Herden (2005 II)

Herden, Ralf Bernd: Straßburg Belagerung 1870. Bod Norderstedt 2006, zitiert Herden (2006)

Herden, Ralf Bernd: Perspektive Zukunft. Das Deutsche Rote Kreuz, Kreisverband Freudenstadt, im 50. Jahr seines Bestehens. BoD Norderstedt 2007, zitiert: Herden (2007)

Heusler, Andres: Das Braune Haus – Wie München zur ‚Hauptstadt der Bewegung' wurde. Deutsche Verlagsanstalt München 1. Auflage 2008, zitiert: Heusler

Hosenfeld, Wilm: Ich versuche, jeden zu retten. Das Leben eines deutschen Offiziers in Briefen und Tagebüchern. Herausgegeben vom Militärgeschichtlichen Forschungsamt, Deutsche Verlagsanstalt München 2004; zitiert: Hosenfeld

Johann, Ernst: Reden des Kaisers. dtv dokumente München 1966, zitiert: Johann

Jürgs, Michael: Der kleine Frieden im Großen Krieg – Westfront 1914: Als Deutsche, Franzosen und Briten gemeinsam Weihnachten feierten. C. Bertelsmann Verlag, 3. Auflage München 2003

Karschawin, Boris Alexandrowitsch : Das deutsche Unterseeboot U 250. Neue Dokumente und Fakten. Übersetzt aus dem Russischen von Gunter Fuhrmann, St. Petersburg und Jena 1994.

Kaufmann / Reisener / Schwips / Walther: Der Nachrichtendienst der KPD 1919-1937. Dietz Verlag Berlin 1993, zitiert: Kaufmann u.a.

Klee, Ernst: Das Personenlexikon zum Dritten Reich. Wer war was vor und nach 1945. Büchergilde Gutenberg als Lizenzausgabe des S. Fischer Verlages, beide Frankfurt am Main 2003, zitiert: Klee

Klemperer, Victor: Ich will Zeugnis ablegen bis zum Letzten, Tagebücher Bd. II 1942-1945, Lizenzausgabe Büchergilde Gutenberg Frankfurt am Main 1995 / Aufbau-Verlag Berlin 1995; zitiert: Klemperer

Klemperer, Victor: LTI. Notizbuch eine Philologen. Reclam Verlag Leipzig 1975 (16. Auflage 1996), Reclam-Bibliothek Band 278; zitiert: Klemperer, LTI

Lange, Eitel: Der Reichsmarschall im Kriege. Curt E. Schwab Verlag, Stuttgart 1950, zitiert: Lange

Lennhoff, Eugen; Posner, Oskar; Binder, Dieter A: Internationales Freimaurer-Lexikon. F.A. Herbig Verlagsbuchhandlung GmbH München 2002, zitiert: Lennhoff u.a.

Longerich, Peter: Davon haben wir nichts gewusst. Die Deutschen und die Judenverfolgung 1933-1945. Siedler-Verlag München 2006; zitiert: Longerich

Luckner, Felix Graf von: Seeteufel – Abenteuer aus meinem Leben. Koehlers Verlagsgesellschaft Herford, 593.-597. tausend der Originalausgabe, zitiert: Luckner

Machtan, Lothar: Die Abdankung – Wie Deutschlands gekrönte Häupter aus der Geschichte fielen. Propylaen Verlag der Ullstein-Buchverlage GmbH, Berlin 2008, zitiert: Machtan

Marschall, Ken; Lynch, Thomas; Ballard, Robert D.: Titanic – Königin der Meere. Das Schiff und seine Geschichte. Wilhelm Heyne Velrag München, 13. Auflage 1992, zitiert: Marschall u.a.

Meissner, Hans-Otto: Straßburg, o Straßburg. Eine Familiengeschichte. Bechtle-Verlag Esslingen-München 1986, zitiert: Meissner

Misch, Rochus: Der letzte Zeuge – „Ich war Hitlers Telefonist, Kurier und Leibwächter", Pendro Verlag Zürich und München 3. Auflage 2008, zitiert: Misch

Müller, Rolf-Dieter: Der Bombenkrieg 1939-1945. Büchergilde Gutenberg, Frankfurt am Main / Ch. Links Verlag Berlin, o.J., zitiert: Müller

O'Sullivan, Patrick: Die Lusitania – Mythos und Wirklichkeit. Mittler-Verlag Hamburg, Berlin und Bonn 1999, zitiert: O'Sullivan

Philo-Lexikon – Handbuch des jüdischen Wissens – Jüdischer Verlag um Suhrkamp-Verlag in Frankfurt am Main 1992, unveränderter Nachdruck der Ausgabe 1936, erschienen im Philo-Verlag Berlin, zitiert: Philo-Lexikon

Preussen, Kronprinzessin Cecilie von: Erinnerungen an den deutschen Kronprinzen.. Koehler und Amelang Verlag, München und Berlin 2001, zitiert: Preussen, Kronprinzessin Cecilie

Röhl, John C.G.: Kaiser, Hof und Staat – Wilhelm II. und die deutsche Politik. Büchergilde Gutenberg / Frankfurt am Main und C.H. Beck Verlag, München 1987, zitiert: Röhl (1987)

Riedel, Frieder: Preußens erste Kolonie – Die Geschichte des Elsaß von 1870 bis 1918. Selbstverlag Frieder Riedel, Leinfelden-Echterdingen 2001, zitiert: Riedel

Ries, Helmut: Kronprinz Wilhelm. Verlag Mittler, Hamburg, Berlin, Bonn 2002, zitiert: Ries

Schöller, Willfried F.: Diese Merkwürdige Zeit. Leben nach der Stunde Null. Ein Textbuch aus der „Neuen Zeitung". Büchergilde Gutenberg, Frankfurt am Main, 1. Auflage 2005, zitiert: Schoeller

Schönburg, Alexander von: Alles was Sie schon immer über Könige wissen wollten, aber nie zu fragen wagten. Rowolth-Verlag Berlin 1. Auflage 2008, zitiert: Schönburg

Seidler, Franz W.: Deutscher Volkssturm – Das letzte Aufgebot 1944/45, Bechtermünz-Verlag / Weltbild Verlag Augsburg 1999, zitiert: Seidler

Stahlberg, Alexander: Als Preussen noch Preussen war. Erinnerungen.. Ullstein-Verlag Berlin , Frankfurt/Main 1992, zitiert: Stahlberg

Stein-Abel, Sissi: Ein Gentleman unter den Freibeutern. Der Deutsche Felix Graf von Luckner... Schwarzwälder Bote Nr. 262 vom 10. November 2008 „Die dritte Seite", zitiert: Stein-Abel

Steinhauer, Gustav: Der Meisterspion des Kaisers. Karl Voegels Verlag GmbH Berlin 1930, zitiert: Steinhauer

Stern-Braunberg, Anni: K.u.K. Kuriosa – Anekdoten unter dem Doppeladler, Leopold Stocker Verlag Graz 2003, zitiert: Stern-Braunberg

Vasold, Manfred: Florence Nightingale. Eine Frau im Kampf für die Menschlichkeit, Verlag Friedrich Pustet, Regensburg 2003, zitiert: Vasold

Twain, Mark: Bummel durch Deutschland. Büchergilde Gutenberg Frankfurt am Main, o.J., zitiert: Twain

Vogelsang, Henning von: Die Armee, die es nicht geben durfte. Russen in deutscher Uniform und ihre Rettung in Liechtenstein. Gerhard Hess Verlag Ulm-Kisslegg 1995, zitiert: Vogelsang

Wohlfromm, Hans-Jörg / Wohlfromm, Gisela: Und morgen gibt es Hitlerwetter! Alltägliches und kurioses aus dem Dritten Reich, Eichborn-Verlag Hamburg 2006, zitiert: Wohlfromm

Wolf, Manfred: Thesen und andere Anschläge. Anekdoten um Martin Luther. Evangelische Verlagsanstalt Leipzig 2005. Zitiert: Wolf

Dreckfuhler, Generelle: Ungewollt und Überall. Sie haben sich still eingeschlichen, ohne dass wir sie bemerkt haben. Der Autor bedauert dies sehr. Sollten Sie einen davon finden, dürfen sie Ihn jedoch gerne behalten !

Ralf Bernd Herden
Fliegende Blätter der Geschichte

Ferner aus der Feder des Autors erschienen:

Roter Hahn und Rotes Kreuz

Chronik der Geschichte des Feuerlösch- und Rettungswesens. Mit einem Grußwort des langjährigen baden-württembergischen Ministerpräsidenten Erwin Teufel MdL. 290 Seiten, fester Einband, ISBN 3-8334-2620-9, Ladenpreis € 29,80.-

Straßburg Belagerung 1870

Tagebuch der Belagerung der Stadt Straßburg im deutsch-französischen Krieg 1870/71. Mit einem persönlichen Gruß des Chefs des Hauses Habsburg, Dr. Otto von Habsburg, Kaiserliche und Königliche Hoheit, sowie zeitgenössischen Abbildungen. 196 Seiten, fester Einband, ISBN 978-3-8334-5147-8, Ladenpreis € 24,80.-

Änderungen jederzeit vorbehalten !

Der Autor Ralf Bernd Herden

Ralf Bernd Herden war von 1991 bis 2007 Bürgermeister in Bad Rippoldsau-Schapbach. Er ist seit 1998 Mitglied des Kreistages Freudenstadt und seit 2004 einer seiner stellvertretenden Vorsitzenden. Der Jurist mit der Befähigung zum Richteramt wurde 1960 in Lahr / Schwarzwald geboren. Er widmete sich während des Studiums vor allem auch rechtshistorischen und rechtsphilosophischen Fragen.

Ralf Bernd Herden ist seit 1996 Lehrbeauftragter an Hochschule für öffentliche Verwaltung - University of applied sciences in Kehl am Rhein. Dort leitet er Unterrichtsangebote im Bereich Gefahrenabwehr / Katastrophenschutz. Für das THW hat er ein Muster-Curriculum mit entwickelt und herausgegeben.

Für seine Bemühungen um die deutsch-französische Freundschaft wurde Ralf Bernd Herden 1994 mit der Ehrenmedaille der Stadt La Tranche sur Mer und 1999 mit der Ehrenmedaille des Generalrats des Departements Vendée geehrt. 2007 wurde Ralf Bernd Herden mit der Ehrenmedaille des Kreisfeuerwehrverbandes Freudenstadt ausgezeichnet, bereits 2000 mit dem Helferzeichen in Gold der Bundesanstalt Technisches Hilfswerk, in 2006 mit der Auszeichnungsspange für fünfzehnjährigen, ehrenamtlichen Dienst im Deutschen Roten Kreuz und 2005 mit der Ehrennadel in Silber der Arbeiterwohlfahrt.

Ralf Bernd Herden ist Ritter des „Ordens vom Heiligen Geist am Blauen Band“ – „Cordon Bleu du Saint Esprit“. Sein Ritterschlag erfolgte 2000 in Sharm el Sheikh (Ägypten) im Rahmen einer nächtlichen Investitur inmitten der Wüste. Er erhielt das Kommandeurkreuz in Gold 2002 und war Beauftragter der Ordensregierung für die Aktion „Ambulanz für Polen“ 2003 sowie Komtur für Baden-Württemberg 2004-2007. Die Kollane in Silber wurde ihm 2005 verliehen. Er leitet heute im Auftrag des Großmeisters die historische Kommission des Ordens.

Der bekennende Freimaurer ist seit zwei Jahrzehnten Mitglied der Loge „Allvater zum freien Gedanken“ in Lahr / Schwarzwald (Großloge der Alten Freien und Angenommenen Maurer von Deutschland) sowie der Forschungsloge „Quatuor Coronati“ in Bayreuth (Vereinigte Großlogen von Deutschland).

Herzlichster Dank gilt

- Meiner Frau Ilka Herden geb. Armbruster und unserer Tochter Zita dafür, dass ich mich meinem Hobby, dem Recherchieren und Schreiben, widmen darf.
- Meinen Eltern Lieselotte Roswitha Herden geb. Haberer und Bernd Willi Herden und meinen Großeltern, insbesondere Gertrud Haberer geb. Biehler und Willi Haberer, welche schon früh die Liebe zur Literatur und Lektüre in mir geweckt haben.
- Meinen Mentoren Oberbürgermeister a.D. Dr. Phillip Brucker, Dr. Walter Caroli, Otto Kalt, Karl Dorner, Dr. Fritz Rinderspacher und Oberkirchenrat a.D. Prof. Dr. Günther Wendt sowie Prof. Dr. Alexander Hollerbach.
- Meinem früheren, treuen Mitarbeiter und Freund Gemeindeamtsrat a.D. Erich Bächle, der sich wiederum der Mühe des Lesens der notwendigen Korrekturen unterzogen hat.

Danke aber auch an

- Die Mitarbeiterinnen der Bibliotheken und Archive, welche ich benutzen durfte, insbesondere der Bibliothek der Hochschule für öffentliche Verwaltung in Kehl, der Stadtarchive in Freudenstadt, Kehl, Lahr und Offenburg, des Geheimen Staatsarchivs / Stiftung Preußischer Kulturbesitz in Berlin, der Bibliothek und dem Archiv des Deutschen Freimaurermuseums in Bayreuth.
- Alle meine Freunde, insbesondere meine freimaurerischen Brüder (vor allem der Loge „Allvater zum freien Gedanken“ in Lahr im Schwarzwald) sowie die ritterlichen Brüder und Schwestern des „Ordens vom Heiligen Geist am Blauen Band – Cordon Bleu du Saint Esprit“ (insbesondere in den Komtureien in Deutschland, Österreich, Liechtenstein und der Schweiz).
- Die Teilnehmerinnen und Teilnehmer meiner Seminare, die Hörerinnen und Hörer meiner Vorträge für manche ergänzende und korrigierende, kritische Anmerkung – auch wenn ich mich z.B. für zahlreiche Briefe nicht immer persönlich bedanken konnte, wofür ich herzlichst um Nachsicht bitte.

Abbildungen:

Der Verfasser konnte leider nicht die Autoren bzw. Rechteinhaber aller Abbildungen ermitteln. Die Urheberrechte möglicher Autoren sollen jedoch gewahrt bleiben. Sie werden ggf. gebeten, sich vertrauensvoll an den Verfasser zu wenden.